미래를 살아갈 어린이들이
학교에서 체험활동으로 배우는 경제 이야기

교실 속
마을활동

미래를 살아갈 어린이들이
학교에서 체험활동으로 배우는 경제 이야기

교실 속
마을활동

2018년 4월 5일 처음 펴냄
2021년 1월 15일 2쇄 펴냄

지은이 문경민, 김혜영, 김자윤, 김희선
펴낸곳 (주)우리교육
펴낸이 신명철
편집 윤정현
영업 박철환
경영지원 이춘보
디자인 최희윤
등록 제 313-2001-52호
주소 03993 서울특별시 마포구 월드컵북로 6길 46
전화 02-3142-6770
팩스 02-3142-6772
홈페이지 www.uriedu.co.kr

ⓒ 문경민, 김혜영, 김희선, 김자윤, 2018
ISBN 978-89-8040-381-3 13370

*이 책의 내용을 쓰고자 할 때는 저작권자와 출판사의 허락을 받아야 합니다.
*잘못된 책은 바꾸어 드립니다.
*책값은 뒤표지에 있습니다.

이 도서의 국립중앙도서관 출판시도서목록(CIP)는
e-CIP홈페이지(http://www.nl.go.kr/ecip)에서 이용하실 수 있습니다.
(CIP 제어번호:CIP2018010071)

미래를 살아갈 어린이들이
학교에서 체험활동으로 배우는 경제 이야기

교실 속 마을활동

문경민·김혜영·김자윤·김희선 지음

우리교육

책을 펴신 선생님들께

이 책을 골라주신 선생님께 감사를 드립니다.
수많은 경제교육과 관련된 책들이 있는데도 어떤 이유에서건
(이름이 그럴 듯해서, 표지가 예뻐서, 괜히 이게 뭔가 싶어서 등등)
이 책을 집어 드시고 책장까지 펼쳐주신 것에 고마운 마음입니다.
부디 책장에 닿은 손끝이 마지막 장까지 넘기기를 바라고,
마을활동이 선생님의 경제교육에 활력을 불어넣게 되기를
손 모아 바랍니다.

작가의 말
선생님의 경제 수업은 안녕하십니까?

　교과서로 학생들을 가르치다 보면 종종 한계에 부딪히는 것을 느낍니다.
　재미있고 정리가 잘 되어있는 내용도 있으나 가끔은 이걸 이렇게 가르쳐야 하나? 또는 이걸 가르칠 필요가 있나? 싶은 내용도 있습니다.
　경제교육도 마찬가지입니다. 교과서대로 가르치다 보면 슬쩍 답답한 기분이 들면서 '좀 더 생생하게 가르치고 싶다'는 생각이 듭니다. 물론 품이 드는 일이라 한숨이 나기도 합니다만, 교사라면 누구나 그렇듯 더 잘 가르치고 싶다는 마음입니다.
　오후에 업무 처리하다가 퇴근해서 집안 챙기다 보면 벌써 잘 시간입니다. 자기 전에 '내일 수업이 뭐가 있더라.' 생각을 겨우 해보기도 하는데, 그럴 때면 속이 답답해지면서 찜찜한 기분이 됩니다. 그래도 그냥 눈을 감습니다. 너무 피곤하기도 하고, 막상 수업 시간이 되면 어떻게든 수업이 진행이 되기 때문입니다. 닥쳐서 하는 수업 준비도 나름의 재치를 발휘해 알차게 채울 수 있으니까요. (저는 수업을 하면서 수업을 준비하기도 합니다.)

다시 반복되는 일상입니다. 수업을 합니다. 학생들을 집으로 보내고 고요한 교실에 가만히 앉아 있으면 와글거리던 머릿속이 가라앉습니다. 이제 좀 살겠다, 하는 소리가 저절로 나옵니다. 물론 업무를 처리하기 위해 컴퓨터 앞에 구부정하게 앉기 전까지입니다. 그래도 그 시간을 잠시라도 만끽합니다. 뒤로 젖혀지는 의자 등받이에 한껏 기대어 이상한 세로무늬가 규칙적으로 파인 희끄무레한 천장을 올려다보기도 합니다. 그러다 보면 가끔은 이런 질문들이 올라오곤 합니다.

수업을 왜 하지?
- 매일하는 수업이 거기에서 거기인 것 같은데, 막상 해보면 그냥 하는 건 좀 거시기 해.

애들은 내 수업을 통해 무엇을 배워야 하는 거지?
- 난 제대로 가르치고 있는 거야? 계속 이러고 사는 건 좀 맥아리가 없지 않나?

내 수업이 재미는 있나?
- 아까 수업 시간에 세 놈이나 하품을 했어. 젠장.

이런 질문들을 곱씹습니다.
이 책은 경제교육에 대한 책입니다. 마을활동이 처음부터 경제교육 프로그램이었던 것은 아닙니다. 2003년 경, 정기원 선생님(현 밀알두레 학교 교장)의 학급경영 방식인 마을활동을 몇몇 선생님들이 연수에서 배웠습니다. 그리고 함께 실천하는 모임을 만들었습니다. 같이 실천하고 공부하다 보니 정기원 선생님으로부터 배웠던 내용을 발전시켜 체계화하고 싶다는 생각을 하게 됐고 학급경영 방식으로서의 마을활동을 매뉴얼로 재구성하는 작업을 하였습니다.
그런데 말입니다.
교실에서 자꾸 문제가 생기는 겁니다. 마을화폐 계산이 제대로 맞지 않는다든가, 마을화폐를 털어가는 도둑이 생긴다든가, 교실이 너무 시끄러워진다든가, 하는 문제들이 끊이지 않는 겁니다. 대부분 경제활동과 관련된 문제였습니다. 이 문제를 어떻게 해결할 수 있을까 고민하다가 경제와 관련된 부분에 집중해보기로 했고 그래서 재구성한 것이 2012년 8월에 처음 펴낸 《교실 속 마을활동》입니다.

이번 개정판에는 마을활동 적용 사례와 사진 자료를 좀 더 풍성하게 넣었습니다. 용어 정리를 하고, 마을법률도 손을 제법 보았습니다. 다시 한번 마을활동에 관심을 보여주신 것에 감사드립니다. 이어지는 내용을 찬찬히 읽어보시고, 선생님의 경제교육을 좀 더 괜찮게 만들어 보시면 어떨까 합니다. 무엇이든 새로운 것을 배우는 데는 시행착오와 노력이 필요합니다. 그러나 한번 시도해보시기를 권합니다. 마을활동이 선생님의 가르침을 더 묵직하고 생생하게 만드는 제법 괜찮은 도구가 될 거라 믿습니다.

교실 속 마을활동 개정판을 내며

차례

작가의 말 _ 선생님의 경제 수업은 안녕하십니까?　006

1부 마을활동 훑어보기

　　1. 마을활동은 이렇습니다　015
　　2. 마을활동 교실 풍경　017
　　3. 마을활동의 지향점　024

2부 한눈에 보는 마을활동의 흐름

　　1. 준비 기간　035
　　2. 평등마을　055
　　3. 자유마을　065
　　4. 공정마을　085

3부 마을법률을 알면 다 안다

1. 마을활동의 구조　097
2. 마을법률　100
3. 마을법률 해설　103
4. 마을활동 사진전　151

4부 마을활동 자료실

1. 마을활동에서 다루는 경제 상식 Q&A　165
2. 헨리 조지와 지공주의　169
3. 3, 4학년 마을활동　179
4. 하루 마을활동　185

자료실 | 마을활동에 필요한 양식들　192

1부

마을활동 훑어보기

1.
마을활동은 이렇습니다

마을활동은 경제교육 방법입니다. 경제교육을 한다고 하면 학생들 반응이 별로일 때가 종종 있습니다.

마을활동으로 하는 경제교육 시간에 아이들은 그렇지 않습니다. 활동에 적극적으로 참여하고 수업에 관심을 기울입니다. 세상이 이렇구나! 하며 배우는 즐거움을 누리기도 합니다.

교실은 이미 하나의 사회입니다. 마을활동은 교실이라는 사회에 '경제' 요소를 집어넣습니다. 학생들 사이에서 생산과 분배와 소비하는 활동이 벌어집니다. 학생들이 경제활동에 직접 참여합니다. 참여를 통해 배움을 얻습니다.

세 가지 모의 경제 시스템을 경험하게 하는 것.

이것이 마을활동의 핵심 아이디어입니다.

> 평등을 중요하게 생각하는 경제 시스템
> 자유를 중요하게 생각하는 경제 시스템
> 공정한 경쟁을 중요하게 생각하는 경제 시스템

각각의 경제 시스템을 5일씩 경험하게 합니다.
학생들은 저마다 직업을 선택합니다.
공무원 성격의 직업이 있고 사업자 성격의 직업이 있습니다.
공무원은 임금을 받고, 사업자는 재화나 서비스를 생산합니다.
마을통장(용돈 기입장)으로 '돈'을 주고받습니다.
쉬는 시간과 점심시간에 활동을 합니다.
각 경제 시스템 앞뒤에는 수업을 합니다. 학생들이 한 경험과 교사가 준비한 내용이 수업의 재료입니다.

교사는
이 책에서 설명하는 대로 교실을 모의 경제사회로 만들고
학생들 활동을 지켜보고
활동 결과물로 수업을 하면 됩니다.

5, 6학년 학생들은 경제 개념과 가치 중심으로 마을활동을 할 수 있고, 3, 4학년 학생들은 재미와 직업활동 중심으로 마을활동을 할 수 있습니다. 모의 사회 경험을 통해 진로교육, 직업교육, 인성교육 효과도 볼 수 있습니다. 마을활동으로 재미있고 뜻깊은 가르침과 배움을 열어갈 수 있습니다.

2. 마을활동 교실 풍경

쉬는 시간

학생들이 책상과 책상 사이를 돌아다닙니다. 한 남학생이 다른 친구 책상 앞에서 용돈 기입장을 꺼냅니다. 그 학생은 용돈 기입장에 무언가를 적더니 책상에 앉아서 분주하게 뭔가를 하고 있는 친구에게 들이밉니다.

"자, 100냥."

앉아있던 친구는 100냥이라고 적은 칸 옆에 서명을 합니다. 그리고 책상 밑에서 작은 과자를 꺼내 건넵니다. 친구가 말합니다.

"100냥이니까 열 개."

용돈 기입장과 함께 과자를 돌려줍니다. 용돈 기입장 표지에는 '마을통장'이라는 글씨가 큼지막하게 쓰여 있습니다. 과자를 산 학생은 열 손가락에 과자를 하나씩 끼우고 돌아섭니다. 과자를 판 학생은 책상 서랍에서 장부를 꺼내 그 날 판 것들을 정리합니다.

마을통장으로 물품 거래

자리 팔기로 토지 불로소득을

한 학생이 선생님에게 다가옵니다.

"선생님, 저요, 제 자리•를 팔고 싶어요."

선생님이 말합니다.

"자유마을 기간이니까 자기 토지를 팔 수 있지. 네가 저 토지를 처음 구입했을 때 1000냥을 썼지? 팔게 되면 10,000냥이야. 그렇지?"

학생은 웃습니다. 선생님은 말을 이어갑니다.

"네가 얻은 불로소득이 9000냥. 세금은 없어. 자유마을이니까. 그리고 네가 9000냥의 불로소득을 얻었다는 걸 애들한테 알려줄 거야. 각

• 마을활동을 교실에 적용하는 기간 동안에는 학생들이 앉는 자리를 '토지'라고 부릅니다.

오는 되어있지?"

이렇게 이야기하는 선생님의 표정은 어둡지 않습니다. 혼내는 투도 아닙니다. 학생도 약간 긴장하는 듯하지만 즐거운 표정으로 수긍합니다. 수업을 시작하기 전, 선생님은 학생들에게 자유마을에서 불로소득 9000냥이 발생했다는 것을 알립니다. 교실이 술렁거립니다. 선생님은 학생들의 반응을 보며 말합니다.

"자, 이제 이 불로소득이 우리 마을에 어떤 영향을 주는지 지켜보자."

마을활동 교실 수업

수업 시간입니다. 칠판에는 '불로소득, 어떻게 볼 것인가?'라는 문장이 적혀있습니다. 한 학생이 이야기 합니다.

"선생님, 그때 지상이가 9000냥을 벌었잖아요. 지상이가 그 돈으로 문구점 물건을 싹쓸이해갔어요."

선생님이 대답합니다.

"그래, 맞아. 하지만 지상이를 비난해선 안 된다. 지상이는 '자유마을'에서 자기가 생각할 수 있는 합리적인 돈벌이를 한 거야. 물론 지나친 욕심을 부린 것은 맞지만, 우리가 애초에 약속한대로 누군가를 비난해선 안 돼. 지상이는 우리에게 수업 재료를 제공해준 거란다. 선생님이 일부러 부추기기도 했고. 자, 그래서 어떤 일이 벌어졌지?"

학생들은 저마다 하고 싶었던 이야기를 꺼냅니다.

"문구점에 물건이 없어서 사고 싶은 걸 살 수 없었어요."

"지상이는 벌금이 무섭지도 않대요. 그래서 숙제도 안 하겠다고 하던데요?"

"근데요, 나중에 지상이가 문구점에서 싹쓸이한 걸 책상 위에 늘어놓고 다시 파는 거예요. 더 비싼 값에요. 우와, 완전 열 받았어요!"

기가 막힌다는 표정으로 말하는 주현이를 보며 학생들이 웃습니다. 지상이도 킥킥거리며 대화에 끼어듭니다.

"나는 너무 많으니까 필요가 없잖아! 그리고 너희는 사지도 않았잖아. 열 받는다고."

이때, 선생님이 끼어듭니다.

"자, 불로소득이 발생했다. 상당히 지나치지. 너희의 수업수당이나 임금보다도 훨씬 많으니까. 자, 이런 불로소득이 발생하는 것을 보면서 어떤 기분이 들더냐?"

학생들은 대답합니다. 기운이 쑥 빠졌다는 둥, 화가 났다는 둥, 일 하기가 싫었다는 둥 대답도 한두 가지가 아닙니다. 그때, 한 여학생이 이야기합니다.

"선생님, '평등마을'에서는 모든 사람이 똑같이 마을화폐를 받아서 좀 싫었어요. 다른 애들이랑 일하는 게 다른데, 임금은 똑같이 받으니까요. 그런데 '자유마을'에서는 일하는 대로 버니까 그게 좋긴 했거든요. 그런데, 이런 건 좀 아닌 것 같아요. 불로소득을 왕창 벌어들이는 거요."

선생님은 학생들과 대화를 나누며 수업을 이어갑니다.

"자, 그러면 말이다. 이런 문제점을 '공정마을'에서는 어떻게 보완하게 될까? 상상해보자."

직업활동

학생 A는 집에서 다트판을 가져왔습니다. 쉬는 시간에 교실 뒤편 사물함 위에 다트판을 놓고 종이로 만든 간판을 겁니다. 간판에는 다음과 같은 문구가 적혀있습니다.

'다트 게임 한 판에 300냥. 100점 이상이면 상금 500냥.'

학생 B는 쉬는 시간에 칠판 앞으로 학생들을 불러모읍니다. 다섯 명 정도 되는 학생이 칠판 앞에 모입니다. 친구들을 모은 B는 칠판에 그림 몇 장을 붙여놓고 간단히 그림에 대해 설명합니다. 재미있는 그림을 보여주기도 하고 설명한 내용을 되짚은 퀴즈를 내기도 합니다. 간단한 미술 수업이 끝난 뒤 B는 선생님에게 갑니다. 선생님은 B의 마을통장에 400냥을 적어줍니다.

학생 C는 골판지와 글루건으로 간단한 발명품을 만들었습니다. 자기 손으로 만든 장난감입니다. 몇몇 학생들이 C의 책상 위에서 놀랍다는 얼굴로 작은 발명품들을 만지작거립니다. 학생 D가 '뽑기 기계'를 들고 말합니다.

"나, 이거 살래."

뽑기 기계를 산 D는 선생님에게 가서 제비뽑기 놀이 사업을 하겠다고 말합니다. 선생님은 몇 가지 주의사항을 준 뒤 사업을 허락합니다.

마을활동을 하는 교실은 짧은 기간 동안 경제사회를 이룹니다. 수입과 지출, 임금과 세금, 불로소득과 파산 같은 경제 개념들을 학생들은 일상생활 속에서 접하게 됩니다.

마을활동은 일정 기간(3주~4주) 동안 교실을 '마을'이라는 모의 사

아이들이 운영하는 다트 게임장.

아이들이 운영하는 뽑기 가게.

회로 만듭니다. 학생들은 쉬는 시간마다 이 모의 사회 안에서 단순하게 구성한 세 가지 경제 시스템을 경험합니다. 평등마을, 자유마을, 공정마을을 경험합니다. 각 경제 시스템의 특징과 장단점을 체험하면서 이해합니다. 각 경제 시스템은 ① 토지를 분배하는 방식과 토지의 소유권, ② 임금을 분배하는 방식과 금액, ③ 세금의 비율과 세금을 부여하는 항목에서 차이가 있습니다.

마을활동은 학생들이 더 나은 경제사회를 꿈꾸도록 돕습니다. 평등마을과 자유마을을 거치며 학생들은 경제 시스템에 대한 자기 생각을 갖게 됩니다. 각 경제 시스템별로 무엇이 좋고 무엇이 나쁜지 고민하게 됩니다. 경제교육을 받고 나면 학생들은 우리가 살아가는 세상에 눈을 돌리기도 합니다.

경제 수업

마을활동은 학생들의 자치활동(모의 경제활동)과 경제 수업으로 진행됩니다. 경제 수업은 생산, 분배, 소비, 생산의 3요소 등 여러 경제와 관련된 개념을 가르치는 **개념 수업**과 이 개념이 마을활동에서 어떻게 적용되는지 알아보고 바른 가치를 생각해보는 **가치 수업**으로 이루어집니다. 중요한 것은 학생들의 마을활동 경험입니다. 교사의 수업 역시 학생들의 경험을 재료로 수업을 전개합니다.

마을활동은 교실을 모의 사회로 재구성하여 교실에서 경험하는 경제활동을 통해 경제에 대한 바른 지식과 가치관을 습득하고 바람직한 시민성을 획득하기 위한 경제교육 프로그램입니다.

3.
마을활동의 지향점

 경제교육을 받지 않았어도 학생들은 경제를 경험합니다. 십년 쯤 지나면 어른이 될 것이고 다양한 경제활동을 통해 재화를 획득하기도 하고 소비하기도 할 것입니다. 우리는 학생들에게 합리적인 선택을 할 수 있는 소비자가 되도록 가르쳐야 하고 금융 시스템과 서비스를 올바르게 사용할 수 있는 건전한 금융 소비자가 되는 방법을 가르쳐야 합니다. 이와 함께 **건강한 경제관**을 심어줘야 합니다.
 건강한 경제관이라는 말이 너무 애매하고 포괄적이라는 인상이긴 합니다. 하고 싶은 말이 있는데 에둘러 던져놓고 잽싸게 지나가버린 것 같은 분위기입니다. 그래도 이렇게 말씀드리고 지나가는 것이 더 낫겠다는 생각입니다.
 마을활동은 경제교육을 통해 다음의 내용을 학생들의 마음에 가르치고자 합니다.

올바른 경쟁이 옳다

"균등한 기회가 주어진 경쟁이야 말로 참된 경쟁이며 이는 모두에게 선한 영향을 미치는 것이다. 균등한 기회가 박탈된 경쟁은 그릇된 경쟁이며 이는 모두에게 악한 영향을 미친다." 이와 같은 믿음이 마을활동의 바탕입니다.

경제 구조의 참된 목적

좋은 경제 구조는 바른 경쟁과 공정한 분배를 통해 **정의를 세우고 모두의 행복을 추구한다고 믿습니다.** 마을활동은 이 믿음이 옳은 것임을 강조합니다.

경제의 핵심 요소 : 토지

마을활동은 경제교육에서 잘 다루지 않는 '토지'라는 경제 요소에 각별한 의미를 부여합니다. 현실 경제에서 토지관이 경제 체제에 미치는 영향을 다룹니다. 이는 미국의 경제학자 헨리 조지의 생각을 반영한 것입니다. 헨리 조지에 대해서는 뒤에서 다시 다루겠습니다.

마을활동에서 땅은 학생들이 '앉는 자리'를 말합니다. 평등마을과 자유마을과 공정마을이 토지를 대하는 태도는 저마다 차이가 있습니다. 토지는 분배되는 것(평등마을)이 되기도 하고, 개인의 사유재산(자유마을)이 되기도 하고, 공동체의 공동 소유물(공정마을)이 되기도 합니다.

학생들이 좋아하는 배움

마을활동은 학생들의 기억에 깊이 남습니다. 마을활동의 즐거움과

슈퍼마켓을 운영하며 즐거워하는 아이들.

그 가운데 누렸던 하나 됨과 배움은 학생들에게 깊은 영향을 줍니다. 대학에 갓 입학한 제자가 찾아와 마을활동 이야기를 하며 어린 시절을 추억하기도 합니다.

학생들이 좋아서 하는 일이다 보니 학생들 스스로 이루어가는 일이 많습니다. 시키지 않아도 됩니다. 자발성은 마을활동의 주요 특징 중 하나입니다.

경험에 바탕을 둔 수업

마을활동에서 학생들은 경제 시스템을 경험하며 배웁니다. 학생들의 경험이 수업 재료가 됩니다.

한 학생이 마을화폐를 많이 모았다고 합시다. 교사는 그 학생의 경제 상황을 학생들에게 펼쳐 보여주며 그 학생에게 왜 마을화폐가 많은

지 질문할 수 있습니다. 저축을 많이 했을 수도 있습니다. 물건을 열심히 팔았기 때문일 수도 있습니다. 아니면 자신의 토지(자리)를 팔아버리고 불로소득을 많이 벌어들였기 때문일 수도 있습니다.

교사는 마을에서 일어난 경제 현상을 두고 학생들에게 질문을 던집니다. 학생들은 자기 경험에 바탕을 둔 대답을 합니다. 감정과 자기 생각이 녹아있는 대답이 수업 시간에 오갑니다. 일반적인 수업에서 살아있는 수업 재료를 만들어내는 일은 쉽지 않습니다. 그러나 마을활동에는 수업 소재가 넘쳐납니다. 돈을 많이 모으기만 하는 것이 정말 좋은지 토론할 수도 있고, 토지 매매로 돈을 버는 것에 대한 학생들의 생각을 들을 수도 있습니다.

마을활동에서 일어나는 다양한 상황은 토론거리가 됩니다. 경제 개념이 살아있는 지식이 됩니다. 마을활동을 하면서 학생들이 주요 경제 개념들을 일상의 언어로 소화하여 이야기 나누는 것을 흔히 볼 수 있었습니다. 임금과 생산, 소비와 분배, 도매와 소매, 토지와 경매 등 여러 경제 수업에서 배운 개념들을 일상에 적용하는 것입니다. 마을활동을 하는 학생들은 배움에 흥미를 느끼고 스스로 수업의 소재를 생산해냅니다.

활발한 상호작용

마을활동을 하면 학생들 간에 상호작용이 매우 활발하게 일어납니다. 학생들은 마을화폐를 매개로 여러 친구들을 만나게 됩니다. 교실에서 친구 관계를 잘 맺지 못하는 학생이 '수업수당'을 나눠주는 사람이 되면 학생들은 그 학생에게 갈 수밖에 없습니다. 그 과정에서 그 학생

사업장 광고판을 함께 만드는 학생들.

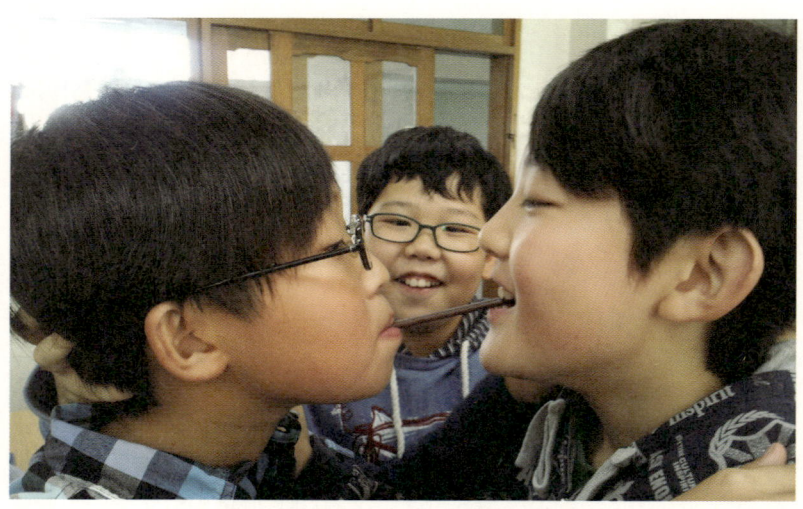
빼빼로 3cm만 남기고 먹으면 경품 지급.

은 다른 학생들과의 접촉점을 자연스럽게 늘려갑니다.

마을활동에서 교사는 소외된 학생이 성실하게 일할 기회를 주면서 학생들 사이에서 자신의 자리를 찾을 수 있게 도와줄 수 있습니다. 자신의 존재가치를 증명할 수 있는 '일'을 통해 공동체 안에서 자신의 자리를 확인할 수 있습니다.

교실에서 친구 관계와 교실 분위기는 매우 중요합니다. 학생들 사이에서 패가 갈릴 수도 있고, 서로 반목하며 미워하는 일들이 생길 수 있습니다. 때로는 여러 가지 이유로 따돌림을 받는 학생들이 생기기도 합니다. 교사의 개입으로 학생들의 관계가 회복될 수도 있지만, 정반대의 효과를 낼 수도 있고 역으로 교사에게 불똥이 튈 수도 있습니다. 마을활동으로 이런 문제들을 해결하는 데 도움을 얻을 수 있습니다.

교사의 리더십을 세우는 마을활동

학생들 사이에서 리더십을 갖는 학생은 무언가를 제안하는 학생입니다. 그 학생은 제안한 것들에 대해 잘 알고 있습니다. 어른들이나 학생들이나 동일합니다. 지식을 갖고 있는 사람이 그 모임 안에서 리더십을 갖게 됩니다.

마을활동에서 학생들의 삶의 질서에 관해 가장 많은 지식을 갖고 있는 사람은 교사입니다. 모든 학생이 교사의 도움과 교사의 판단을 기다립니다. 심지어 교사를 괴롭게 하는 학생조차도 교사의 도움 없이는 어찌할 바를 모릅니다. 교사는 설명해주고, 학생들은 교사의 설명대로 움직입니다. 이 과정에서 교사는 학생들 앞에서 리더십을 새로이 세울 수 있습니다.

마을활동은 학년 말의 어수선한 교실 분위기를 돌파할 때도 유용합니다. 학년 말이 되어 학생들이 특별한 의욕도 보이지 않고, 설상가상으로 교실의 학생 관계가 분열되어 분위기가 말이 아닐 때, 마을활동으로 생동감 있는 교실을 이끌어갈 수 있습니다.

  마을활동을 하면 학생들의 활동이 많아지기 때문에 교실이 지저분해지기도 하고 학생들이 소란해질 수도 있습니다. 마을활동을 하다 보면 분주해지고 에너지도 많이 들어갑니다. 하지만 대개의 경우 상당히 의미 있는 결과를 얻을 수 있습니다.

2부
한눈에 보는 마을활동의 흐름

마을활동은 다음과 같이 진행됩니다.

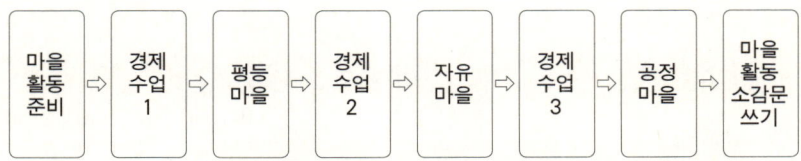

교사는 경제 수업 분량과 마을활동 기간을 교실 상황에 맞추어 조절할 수 있습니다.

마을활동을 본격적으로 시작하기 전, 약 일주일 정도 아이들과 함께 마을활동을 익히고 준비하는 기간을 갖습니다. 그리고 각 시스템별로 1주씩 총 3주간 마을활동을 합니다. 각각의 마을활동 마지막 날에는 경제 수업을 합니다. 일주일간의 활동을 나누고 정리하고, 새로운 시스템을 배우는 시간을 갖습니다.

> 3가지 경제 시스템이란 평등마을, 자유마을, 공정마을을 의미합니다.

마을활동 운영 과정을 달력 형식으로 정리하면 대략 다음과 같습니다.

월	화	수	목	금
준비 기간				
1 • 마을법률 정비 • 재화 마련 • 학부모 편지	2 • 장부 준비와 환경구성	3 • 마을통장 준비	4 • 학생들과 마을 법률 공부	5 • 경제 수업 1 • 평등마을 직업 배정 • 직업역할 상담
평등마을				
8	9	10	11	12 • 경제 수업 2 • 자유마을 직업 경매
← 평	등	마 을	활 동 →	
자유마을				
15	16	17	18	19 • 경제 수업 3 • 공정마을 직업 선택
← 자	유	마 을	활 동 →	
공정마을				
22	23	24	25	26 • 마을활동 소감문 쓰기
← 공	정	마 을	활 동 →	
• 직업활동 준비				

> 평등마을은 4일이 적당해요. 자유마을은 좀 더 길게 운영해도 괜찮아요.

> 공정마을은 학생들 분위기에 따라 2일에서 5일간 운영해도 좋습니다.

> 마을활동에서 일어나는 일들이 제법 재미있습니다. 의미 있는 사건들도 종종 생기거든요. 이 사례들을 다른 교과 수업에서 수업 재료로 활용할 수 있습니다.

1. 준비 기간

마을화폐와 통장

경제 시스템은 돈(화폐)이 있어야 굴러갑니다. 마을활동의 돈을 '마을화폐'라고 부릅니다. 지폐나 동전을 사용하는 것은 아닙니다. 마을화폐로 지폐나 동전을 사용하면 관리하기가 여간 번거로운 게 아닙니다. 분실 사고나 도난 사고도 일어납니다.

마을활동에서는 용돈 기입장을 활용하여 마을통장을 만들고, 마을통장에 기입하는 금액으로 경제활동을 합니다. 마을통장에 쓰는 돈의 액수가 마을화폐 역할을 합니다.

> 통장은 학생들이 마을활동 내내 사용하는 것입니다. 마을통장은 문구점에서 파는 용돈 기입장을 사용해도 됩니다. 손으로 쓰는 체크카드라고 생각하면 됩니다.

마을통장에서 마을화폐를 확인하는 학생들.

> 마을통장의 기록은 본인이 합니다. 담당 학생에게는 확인 서명만 받습니다.

> 용돈 기입장을 학급경영비로 사도 좋습니다만, 학생들이 준비해 와도 큰 문제는 없습니다. 공책을 학교에서 일일이 사주지는 않으니까요.

학생들이 마을통장을 분실했을 경우에는, 용돈 기입장을 다시 구입하여 마지막으로 기록한 마을화폐 금액을 적어줍니다. 이때, 학생들이 이야기하는 것을 그대로 믿어주세요. 마을통장을 가져오지 못한 날은 어떤 경제활동도 할 수 없습니다. 하지만 임금이나 수업수당은 다음날 받도록 해도 좋습니다. 무분별하게 마을화폐를 주고받게 하면 경제 시스템 자체가 흔들릴 수 있거든요.

마을화폐의 단위(냥)도 다른 단위로 정할 수 있습니다(예: 100땀, 100꿀, 100싹 등).

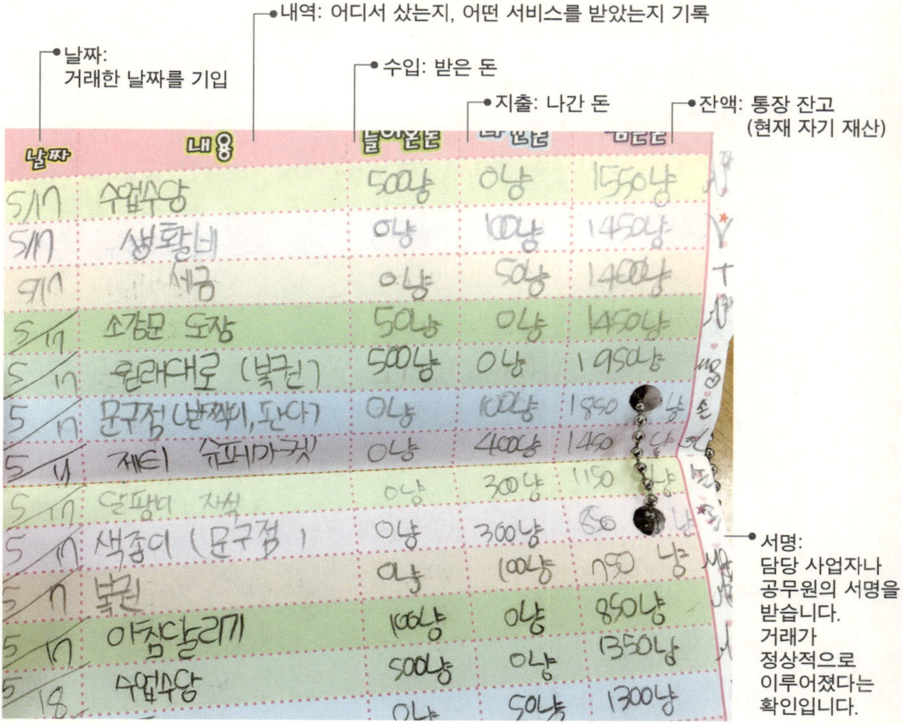

- 날짜: 거래한 날짜를 기입
- 내역: 어디서 샀는지, 어떤 서비스를 받았는지 기록
- 수입: 받은 돈
- 지출: 나간 돈
- 잔액: 통장 잔고 (현재 자기 재산)

날짜	내용	수입	지출	잔액
5/15	수업수당	500냥	0냥	1550냥
5/15	생활비	0냥	100냥	1450냥
5/17	세금	0냥	50냥	1400냥
5/17	소감문 도장	50냥	0냥	1450냥
5/17	원래대로 (북귄)	500냥	0냥	1950냥
5/17	문구점 (낚짜이,돈다)	0냥	100냥	1850냥
5/17	제티 슈퍼가갯	0냥	400냥	1450냥
5/17	달팡미 자식	0냥	300냥	1150냥
5/17	색종이 (문구점)	0냥	300냥	850냥
5/17	북권	0냥	100냥	750냥
5/17	아참달리기	100냥	0냥	850냥
5/17	수업수당	500냥	0냥	1350냥
5/18		0냥	50냥	1300냥

- 서명: 담당 사업자나 공무원의 서명을 받습니다. 거래가 정상적으로 이루어졌다는 확인입니다.

용돈 기입장을 마을통장으로 활용.

마을활동 재화 준비

마을화폐로 거래할 가치가 있는 재화가 필요합니다.

연필, 지우개, 자 같은 문구류, 과자, 음료수, 차, 각종 액세서리, 책이나 장난감 같은 것들을 준비해야 합니다. 다음과 같은 방법으로 재화를 준비합니다.

i. 기부

아나바다 장터를 생각하면 됩니다.

학생들에게 "여러분, 마을활동을 하는 데 필요한 여러 가지 물품을 기부받아요. 집에서 잘 쓰지 않는 학용품이나 장난감, 책 같은 걸 가져오세요. 선생님이 준비하는 물건들만으로는 부족하거든요." 하고 말합니다.

기부를 독려하기 위해 기부하는 학생들에게 마을화폐 교환권을 줄 수도 있습니다.

당신의 기부에 감사를 드리며

100냥

-희망마을-

예시 '마을화폐 교환권'

기부받은 마을활동 물품.

ii. 학급경영비나 학습 준비물비 사용

학급경영비로 물건을 구입합니다. 15만 원어치 정도 구입하면 운영이 가능합니다.

가격이 비싼 문구류는 높은 마을화폐 가격을 매깁니다(연필 한 자루에 500냥-소비자 가격을 마을화폐 금액으로 사용해도 됩니다). 학생들이 많이 찾는 과자류는 과자 반 컵에 500냥 정도의 가격을 매깁니다.

모든 학생이 사업자가 되는 것이 아닙니다. 평등마을에서는 물건을 파는 사업자가 두세 명이면 충분합니다.

자유마을과 공정마을에서는 사업자 수가 늘어나

> 평등마을을 운영하는 기간에는 교사가 모든 재화를 공급합니다.

고 거래되는 재화의 양과 종류도 다양해집니다. 모든 재화를 교사가 준비할 필요는 없습니다.

학생들에게 자기가 판매하고 싶은 재화를 집에서 가져올 수 있도록 허락해줍니다. 교사가 준비해둔 재화를 마을화폐로 구입해서 판매해도 된다고 해도, 학생들은 자기가 팔고 싶은 물건을 스스로 준비해옵니다. 학급경영비로 구입한 문구류, 과자류는 대개 평등마을 운영에 사용됩니다.

마을활동 법률 정비

이 책에 설명한 마을법률을 가르치는 교사의 가치관과 교실 상황 등에 맞추어 정비합니다. 고칠 것은 고치고, 지울 것은 지우고, 더할 것은 더합니다.

마을법률은 헌법, 기본법, 규정으로 구성되어 있습니다.

- **마을헌법**은 교사의 마을활동 가치관과 기본 태도를 설명합니다.
- **기본법**은 마을 운영 방식을 설명합니다. 임금, 세금, 직업의 종류, 직업을 선택하는 방법, 재화를 분배하는 방법 등을 교사의 상황에 맞추어 정리합니다.
- **규정**은 작지만 꼭 지켜야 하는 것들입니다. 상금, 벌금의 액수 등등을 정합니다. 규정을 너무 복잡하게 하면 운영이 어려울 수 있으니 간단하게 하는 게 좋습니다.

마을법률을 정비하고 있으면, 처음에는 막막하다가도 얼마 지나지 않아 그 일에 몰입하고 있는 자신을 발견하게 될 때가 있습니다. 그만큼 재미있습니다. 하나의 작은 사회를 디자인하는 일이니까요.

장부 준비와 환경 구성

마을활동에는 장부가 꽤 많이 필요합니다. 대부분의 학생이 자기 직업 역할 수행에 필요한 문서 장부를 하나 이상 갖게 됩니다.

> 장부는 마을화폐 거래의 공정성과 신뢰성을 높입니다.

대부분의 학생은 장부를 받아 일하는 것을 좋아합니다. 학생들은 노닥거리는 것보다 자신에게 분명한 일이 있는 것을 더 좋아합니다.

장부 속지(왼쪽)와 장부 기록 장면(오른쪽).

장부 양식은 교사가 자기 스타일에 맞춰 다시 만들어도 됩니다.

마을활동은 교실을 적극적으로 활용합니다. 학생들 책상에 직업을 소개하는 간판을 붙이거나 교실 벽에 판매하는 상품을 광고하기도 합니다. 교실 한 구석에서 보드게임방을 운영하거나 네일아트 같은 사업을 벌이기도 합니다.

세금 장부.

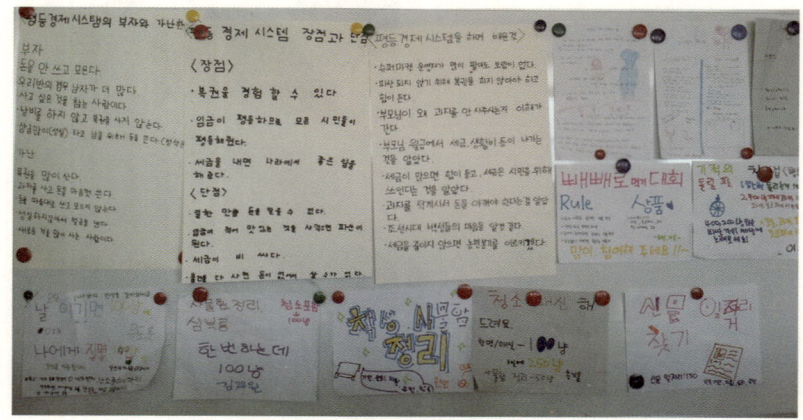

마을활동 창업 게시판.

마을활동 간판과 광고판.

2부 한눈에 보는 마을활동의 흐름

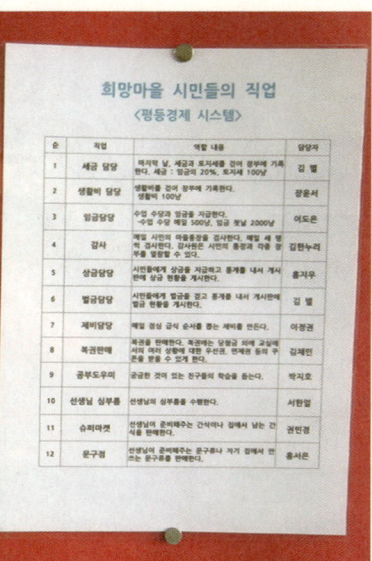

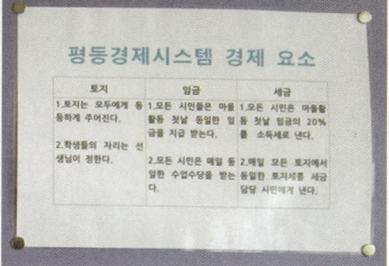
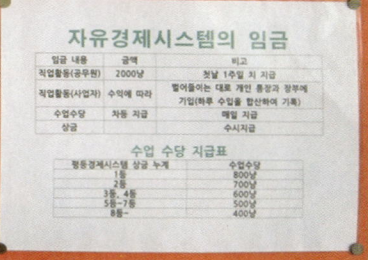

마을활동 알림판.

마을활동 직업별 간판.

학부모 편지

마을활동에 대해서 학부모들에게 설명해야 합니다. 학년 초 학부모 총회에서 얼굴과 얼굴을 맞대고 이야기하는 것이 가장 좋겠습니다만, 상황이 여의치 않다면 학부모 편지로 대신해도 좋습니다. 마을활동에 대해서 설명하고 교사의 의도와 부탁할 점들에 대해서 이야기할 수 있습니다.

학부모님, 안녕하세요. 학년 초 학부모 총회에서 말씀드린 경제교육 마을활동을 시작하고자 합니다.

마을활동은 경제교육 프로젝트 수업입니다.
학생들은 마을활동을 통해 교실 속 마을에서 직업을 갖고 마을화폐를 주고받으며 3주간 경제를 공부하게 됩니다. 학생들이 경험할 모의 사회는 다음과 같습니다.

평등을 중요하게 생각하는 **평등마을**
자유를 중요하게 생각하는 **자유마을**
공정한 경쟁을 중요하게 생각하는 **공정마을**

마을활동은 주로 쉬는 시간과 점심시간에 이루어집니다. 마을활동에서 일어난 일을 재료로 수업 시간에 경제공부를 합니다. 직업활동을 하며 친구들과 활발하게 소통하는 법을 배울 것입니다.

가정에 부탁드리는 말씀

첫째, 마을활동은 기본적으로 즐거운 공부지만, 간혹 학생들이 부정적인 경험을 할 수도 있습니다. 생활비를 걱정하거나 파산을 두려워할 수도 있습니다. 학생들 사이에서 벌어지는 경제적 문제점(빈부 격차나 과열된 경쟁심 등)으로 힘들어하는 학생이 있을 수도 있습니다. 이에 대해 너무 걱정하지 마시고, 그 기회를 통해 학생이 자신과 사회의 구조를 돌아보고 잘 배울 수 있도록 격려해주시기 바랍니다. 유쾌한 경험만이 아니라 실패와 좌절 속에서도 배울 수 있다는 것을 알려주십시오.

둘째, 마을활동에 쓰이는 기본적인 재화는 마을활동을 시작하기 전 학생들로부터 기부 받은 물품과 학급운영비로 준비합니다. 그러나 학생들의 개인 사업 재화는 각자의 개성에 따라 준비할 수 있도록 열어주었습니다. 집에서 무언가를 만들어온다든가, 자기 용돈으로 과자 등을 산다든가, 집에서 쓰지 않은 물건을 교실에 가져가 팔겠다고 할 수 있습니다. 이때 지나치지 않다면 이런 활동을 허락해주시면 좋겠습니다.

간혹 학생들이 마을에서 사업을 하겠다며 비싼 물건을 사달라고 할 수 있으나 무리해서 비싼 물건을 구입하지 말아주세요.

물건을 가져와서 팔지 않더라도 돈을 벌 수 있는 다양한 창업 아이디어를 내는 것이 더 좋습니다. 3주차 공정마을에서는 자신의 진로에 맞는 직업활동을 하게 하려고 계획 중입니다. 어떤 직업을 갖고 싶은지, 마을활동 안에서 그 직업활동을 한다면 어떤 일을 할 수 있을지 고민할 수 있도록 도와주시면 좋습니다.

이제 다음 주면 마을활동을 시작합니다. 우리 학생들과 제가 일궈나갈 3주간의 경제 공동체가 어떤 모습이 될지, 우리 학생들은 어떤 경험을 하게 되고 무엇을 배워가게 될지 기대가 됩니다.

○○○○년 ○월 ○일
담임교사 ○○○

학생들과 마을법률 공부하기

준비가 다 끝났다면 학생들과 마을법률을 공부합니다. 다음의 대화문을 참고하는 것도 좋습니다.

선생님 얘들아, 우리 반은 3주 동안 마을활동을 할 거란다.
학생 1 예?
학생 2 마을활동이요?
학생 3 그게 뭐예요?
선생님 우리 반 교실을 마을로 만드는 거야. 마을 안에서만 쓸 수 있는 화폐도 만들고, 그 화폐로 간식도 사 먹고 문구류도 사고, 마을화폐로 상금도 받고 벌금도 내는 거지. 그리고 여기 있는 모든 사람에게 하나씩 직업이 생기게 될 거야.
학생 4 선생님, 마을활동은 왜 하는 거예요?
선생님 경제교육을 하려는 건데, 이왕 하는 거 재미있게 하려는 거지.

마을법률을 복사해서 나눠주고 함께 공부합니다. 마을법률을 처음부터 끝까지 설명하는 데 2시간 정도 걸립니다. 생소한 것이라 잘 이해가 안 된다며 곤란해하는 학생도 있을 겁니다. 걱정 말라고, 하다 보면 다 알게 된다고 이야기해주시면 되겠습니다. (실제로 그렇습니다.) 마을법률을 공부하다 보면 학생들이 어느 정도 마을활동에 대해서 감을 잡기 시작합니다.

경제 수업 1

i. 경제 수업의 역할

마을활동에서 경험하는 세 가지 경제 시스템은 저마다 장단점이 있습니다. 장점은 장점대로 경험하게 하고 단점은 단점대로 경험하게 합니다. 교사는 기본적인 경제 개념을 가르치고 학생들이 경험한 각 경제 시스템의 장단점을 해석할 수 있도록 해주어야 합니다. 마을활동은 자치활동, 모의 경제활동의 성격을 띠지만 가르침과 배움을 학생들에게만 맡겨두지 않습니다. 교사는 수업을 통해 적극적으로 개입합니다.

ii. 경제 수업 1에서 가르쳐야 할 개념

경제 수업 1은 평등경제 시스템에 들어가기 전에 하는 수업이기도 하지만 마을활동을 시작하기 전에 처음으로 하는 수업이기도 합니다. 먼저 경제와 관련된 기본 개념을 알려주어야 합니다. 그리고 이와 함께 사람이 직면한 경제의 여러 문제들을 함께 보여주어야 합니다. 개념과 가치를 동시에 다루는 것이 핵심입니다.

다루어야 하는 기본 경제 개념은 다음과 같습니다.

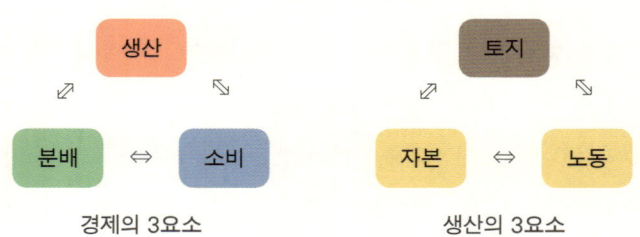

- 경제의 3요소와 마을활동

	사전적 정의	마을활동의 적용
생산	사람이 살아가는 데 필요한 것들을 만드는 것(반대말: 소비).	• 공부를 해서 배움을 생산한다. • 직업활동을 해서 서비스와 물건을 생산한다.
분배	생산한 몫을 나눠주는 것.	• 학생들은 수업수당, 직업수당, 상금을 임금으로 받는다. • 세금 혜택을 누린다.
소비	돈, 물건, 시간 들을 써서 없애는 것(반대말: 생산).	• 여러 가게에서 물건과 서비스를 산다. • 세금과 벌금 따위로 마을화폐를 쓴다.

- 생산의 3요소와 마을활동

	사전적 정의	마을활동의 적용
토지	사람이 살면서 이용하는 땅.	• 학생들이 차지한 자리(책상과 의자).
자본	어떤 일을 하는데 드는 돈, 노동력.	• 마을화폐.
노동	필요한 것을 얻기 위해 몸이나 머리를 써서 일하는 것(비슷한 말: 근로).	• 직업활동과 수업을 받는 일.

이 개념들을 학생들은 마을활동을 하면서 실제로 경험합니다.

이 외에도 여러 가지 경제 개념들을 가르칩니다. 마을활동과 함께 익힐 수 있는 경제 용어는 표로 정리했습니다. 학생들이 스스로 경제 용어를 국어사전을 찾아 정리하게 해도 좋고, 단답형 쪽지 시험을 보는 것도 좋습니다.

• 마을활동과 함께 익히는 경제 용어

경제 용어		사전 뜻[*]	마을활동 속 예
경제 3요소	생산	사람이 살아가는 데 필요한 것들을 만드는 것(반대말: 소비).	• 공부를 해서 배움을 생산한다. • 직업활동을 해서 서비스와 물건을 생산한다.
	분배	생산한 몫을 나눠주는 것.	• 학생들은 수업수당, 직업수당, 상금을 임금으로 받는다. • 세금 혜택을 누린다.
	소비	돈, 물건, 시간 들을 써서 없애는 것 (반대말: 생산).	• 여러 가게에서 물건과 서비스를 산다. • 세금과 벌금 따위로 마을화폐를 쓴다.
생산 3요소	토지	사람이 살면서 이용하는 땅.	• 학생들이 차지한 자리(책상과 의자).
	자본	어떤 일을 하는데 드는 돈, 노동력.	• 마을화폐.
	노동	필요한 것을 얻기 위해 몸이나 머리를 써서 일하는 것(비슷한 말: 근로).	• 직업활동과 수업을 받는 일.
과소비		씀씀이가 지나치게 헤픈 것.	• 슈퍼마켓에서 과자를 너무 많이 사먹는 행동.
경제 활동		물건을 만들거나 쓰는 일, 돈을 벌거나 쓰는 일들에 관련된 모든 일.	• 마을에서 직업을 갖고, 물건을 사고 파는 모든 일.
가게		여러 가지 물건을 벌여놓고 파는 곳 (비슷한 말: 상점, 점포).	• 슈퍼마켓, 문구점, 창업 가게.
가격		물건의 값, 물건이 지니고 있는 가치를 돈으로 나타낸 것.	• 자유마을 토지의 가격은 자리마다 다르다.
경매		여럿 가운데 가장 높은 값을 부른 사람에게 물건을 파는 일.	• 자유마을부터 직업과 토지는 경매로 산다.
공급과 수요		필요한 것을 대어주는 것(공급). 필요한 것을 사려는 욕구(수요).	• 그 자리를 원하는 학생이(수요) 많을수록 그 토지(공급)의 가격은 올라간다.
도매업		가게를 하는 사람들에게 물건을 파는 일.	• 자유마을부터 교사는 도매상인 역할을 한다.

• 《보리 국어사전》(토박이 사전 편찬실 엮음, 보리), 《사회가 보이는 사회사전》(황은희 글, 이국희 그림, 킨더랜드) 참고.

소매업	소비자에게 직접 물건을 파는 일.	• 슈퍼마켓과 문구점 담당은 소매업자다.
세금	국가의 살림을 위해 국민들이 나누어 낸 돈(같은 말: 조세, 세).	• 모든 학생은 세금 담당자에게 세금 확인을 받는다.
은행	저금을 맡아주거나(예금) 돈을 빌려주는(대출) 기관.	• 공정마을의 은행은 대출만 한다.
이자	돈을 빌려 쓴 대가로 때가 되면 얼마씩 차곡차곡 무는 돈.	• 공정마을의 은행 대출에는 이자가 없다.
이윤	장사를 하여 남긴 돈(비슷한말: 이익, 소득).	• 학생들은 사업을 통해 이윤을 남긴다.
임대	물건이나 건물 같은 것을 돈을 받고 빌려주는 것.	• 자유마을에서 토지를 팔면 임대료를 내야 한다.
지출	어떤 일에 돈을 쓰는 것(반대말: 수입).	• 학생들은 마을화폐로 물건을 사거나 세금과 벌금을 낸다.

iii. 경제 수업 1에서 가르쳐야 할 가치

• 가난을 구제하고자 하는 마음

우리나라와 지구의 빈곤 문제를 다룹니다. 신문 기사를 검색하거나 지식채널 등 영상물을 사용하여 가난 문제를 다룹니다. 빈곤 문제를 해결하기 위해 힘써 일하는 자원봉사자들의 노력과 NGO 구호 단체의 활동 모습을 보여주는 것도 필요합니다. 아주 오래 전부터 가난은 인류의 오랜 고통이었다는 점과 우리나라의 빈부 격차 문제가 심각하다는 신문 기사를 보여주는 것도 좋겠습니다.

• 이상적인 경제 시스템을 가꿔가려는 태도

이상적인 경제 시스템은 어떤 것일지 생각해봅니다. 간단한 발문으로 학생들 사이의 토의, 토론을 끌어낼 수도 있습니다.

"좋은 경제 시스템은 무엇을 중요하게 생각할까요?"

"나쁜 경제 시스템의 특징은 무엇일까요?"

같은 질문들을 던질 수 있습니다.

• 평등

다음과 같은 질문으로 학생들과 이야기를 나눕니다.

"평등한 세상의 반대말은 무엇일까요?"

"평등하지 않은 세상에서는 어떤 문제가 생길까요?"

"모든 것이 평등한 세상에서는 어떤 문제가 생길까요?"

이와 같은 질문들로 이야기를 나눕니다.

평등마을 자기 직업 정하기

평등마을에서는 모든 학생이 직업활동을 합니다. 평등마을에서의 직업 선택은 학생들의 희망을 1순위로 하되 하나의 직업에 둘 이상의 학생이 지원할 경우 가위바위보를 해서 이긴 학생이 원하는 직업을 얻습니다.

> 마을활동 시작을 기념하는 의식을 하는 것도 좋습니다.

> 장부나 직업별 임명장 수여식을 하거나 헌법 선포식 같은 것을 해도 좋아요.

2.
평등마을

평등마을 교실 풍경

평등마을은 안정적이고 차분합니다. 처음 경험하는 마을활동이라 다소 얼떨떨해하기도 하고 교사에게 운영 방법에 대한 질문도 많이 합니다. 그러나 자기 통장에 마을화폐가 들어오고, 그 마을화폐로 문구점에서 연필을 살 수 있게 되면 분위기는 완전히 달라집니다. 학생들이 이 경제 시스템이 진짜라는 것을 알게 됩니다.

평등마을에는 개인 사업이라는 개념이 없습니다. 국가가 모든 노동자에게 동일한 임금을 지급합니다. 상금 장부를 관리하는 공무원의 임금이나 문구점 일을 하는 학생들의 임금이 같습니다.

경제 문제를 일으키기 위해 일부러 복권 판매소를 두었습니다. 몇몇 학생들이 복권에 자기 재산을 털어 넣는 현상이 발생합니다. 대부분 남학생입니다.

몇몇 학생이 교사에게 와서 이런저런 사업 아이템을 제안하기도 합니다. 교사는 듣지 않습니다. "주어진 일을 하면 된다"는 말로 돌려보냅니다.

임금은 비슷하지만 직업별 노동량은 각각 다릅니다. 그래도 학생들은 일이 많은 직업을 좋아합니다. 하지만 4일 차 정도 되면 은근히 속으로 불만을 갖습니다.

평등마을을 운영하면서, 교사는 이 경제 시스템의 특징을 학생들에게 설명해주어야 합니다. 평등마을은 평등을 중요하게 생각하기 때문에 모두가 동일한 임금을 받고 세금의 비율이 높다는 점을 짚어줍니다.

마을활동은 일상 속에서 이루어지는 경제교육입니다. 일상의 경험을 통해 경제 개념과 가치관을 생각하고 다듬는 공부는 '경제 수업' 시간에 이루어집니다.

경제 수업 2

i. 평등마을이 끝난 뒤 학생들의 반응

학생들은 재미있어하면서도 불만스러워 합니다. 재미는 마을활동의 활동성 때문이고 불만은 평등마을이 갖고 있는 여러 가지 문제점 때문입니다.

학생들의 불만은 대개 평등이라는 원칙을 지키기 위한 불합리한 규제에서 옵니다. 경제활동의 자유를 제한당한다고 느낍니다. 노동의 많고 적음을 고려하지 않고 똑같은 임금을 지급하는 운영 방침이 불공평하다고 느낍니다.

경제 수업 2에서는 평등마을을 정리하고, 이어서 시작될 자유마을을 준비합니다.

ii. **평등마을 마무리**

평등마을을 마무리하면서 학생들에게 알게 된 점, 느낀 점 등을 자유롭게 이야기해보라고 합니다. 학생들은 답답했다는 투로 여러 가지 이야기를 쏟아놓습니다. 교사는 학생들의 이야기를 잘 엮어 의미 있는 경험으로 승화시킵니다.

> 평등마을에서도 빈부 격차가 생깁니다.

> 복권 때문에 파산하는 학생도 나오곤 해요.

평등마을을 마무리하면서 다음과 같은 질문을 던집니다.

Q1. 평등마을에서는 어떤 사람이 부유하고 어떤 사람이 가난한가요?

학생들의 재산 현황을 칠판에 기록하면서 부유한 사람의 특징을 찾아보게 합니다. 이 활동은 자유마을과 공정마을을 마치고 나서도 동일하게 반복하는 활동입니다.

어떤 사람이 부유해지는가, 어떤 경제활동을 한 사람이 부유해지는가는 그 경제 시스템의 특징과도 맞물려 있습니다. 평등마을에서는 숙제 잘하고 성실하고 절약하는 학생이 부유한 사람이 되는 경우가 많습니다.

부유한 학생의 특징은 경제 시스템별로 조금씩 다르지만 가난한 학생의 특징은 큰 차이가 없습니다. 대부분 과도한 지출과 성실하지 않은 학습태도로 생활하는 학생들이 경제적 어려움을 맞게 됩니다.

Q2. 평등마을은 어떤 특징이 있나요?
마을활동이 원활히 운영되었다면 사회주의 경제 시스템의 특징이 학생들의 입을 통해 나오는 것을 볼 수 있습니다. 칠판에 평등마을의 특징을 정리하면서 장점과 단점을 반드시 짚어줍니다.
'어떤 특징이 있나요?'라는 질문이 다소 어렵게 느껴진다면 '평등마을은 어떤 점이 좋고 어떤 점이 나쁜가?', '평등마을, 어땠어요?'라는 질문도 좋습니다.

iii. 경제 수업 2에서 가르쳐야할 개념
이 내용을 공부하면서 다음의 그림을 제시합니다.
용어가 다소 어려우므로 학생들에게 각각의 단어에 대한 사전적 정의를 알려줍니다. 용어를 설명하면서 용어의 개념이 실제 경제활동에 적용되는 사례를 이야기하는 게 좋습니다.

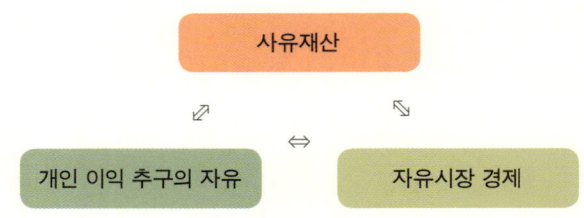

자본주의 경제 시스템의 3요소

이 개념들은 다음과 같이 간략히 정리할 수 있습니다.

- 사유재산
  개인이 마음대로 사용하고 처분할 수 있는 돈이나 집, 땅, 건물 등.

- 개인 이익 추구의 자유
  개인이 이익을 더 많이 얻기 위한 노력을 마음먹은 대로 할 수 있는 자유.

- 자유시장 경제
  개인이 가격의 결정 등에 있어 통제를 덜 받고 자유롭게 경제활동을 할 수 있게 해주는 경제 시스템.

그림을 설명하면서 평등마을과 자유마을을 비교합니다. 학생들에게 다음과 같이 이야기하면 어떨까 합니다.
"앞으로 우리가 경험하게 될 자유마을은 평등마을과 다른 점이 많아요. 평등마을에서도 사유재산을 인정하기는 하지만, 세금이 많은 편이었어요. 토지 소유를 인정하지 않았죠. 하지만 자유마을은 달라요. 세금도 조금 떼요. 토지도 다 자기 소유예요. 자유마을은 사유재산을 더 적극적으로 인정해줘요.
평등마을에서는 개인이 이익을 추구할 기회를 많이 제한해요. 직업 활동을 통해 마을화폐를 더 벌어들이고 싶어도 그렇게 할 수가 없죠.

또, 평등마을에서는 물건의 가격을 선생님이 정했어요. 하지만 자유마을에서는 물건의 가격을 선생님이 정하는 법이 없어요. 선생님은 도매* 상인일뿐이에요. 여러분이 물건을 사는 가격은 각 개인 사업자가 정하게 돼요."

이 수업을 하면서 우리나라 경제 시스템의 바탕이 자유마을과 비슷하다는 점을 짚어줍니다.

자유마을 직업 경매

평등마을에서는 모든 학생에게 직업이 의무적으로 돌아갑니다. 한 직업에 희망자가 많을 경우 가위바위보를 해서 직업을 배분했습니다. 자유마을에서는 직업을 마을화폐로 삽니다. 경쟁자가 있을 경우에는 더 높은 가격을 지불하는 사람이 자기가 원하는 직업을 얻습니다.

자유마을에서는 한 학생이 여러 개의 직업활동을 할 수 있으며 선생님께 창업 신고서와 500냥을 낸 뒤 새로운 직업을 만들어 활동할 수 있습니다.

> 직업활동을 하지 않을 자유도 있으나, 직업이 없으면 대개 금방 파산하게 됩니다.

---

* 이 수업을 하면서 도매, 소매의 개념도 가르칩니다.

창업 신고서

사업명	가게 이름을 씁니다.		
사업자	혼자 할 수도 있고 여럿이 할 수도 있습니다.	성격	개인 사업
창업 계획			

왜 이 사업을 하고 싶은지, 어떤 물건이나 서비스를 팔아서 돈을 벌 것인지, 가게의 특별한 점은 무엇인지 생각해서 계획을 세웁니다. 고용을 할 경우에는 고용한 학생과 어떻게 소득을 나눌지도 써놓습니다. 일종의 계약서처럼요.

창업자 서명	허가 서명
	교사는 확인하고, 창업을 허가해줍니다.

학생 수업 소감문
자유마을 첫 날

　기다리고 기다리던 자유마을을 시작하는 날이다. 어제는 자리와 직업 경매를 했는데 원빈이와 짝이 되었고, 직업은 벌금 담당이다. 이 직업에 만족하지만 자유마을에서는 내가 하고 싶은 직업을 더 해볼 수 있으니 내일쯤 창업을 해보려 한다.
　자유마을에는 슈퍼마켓이 여러 개 있다. 평등마을과 다르다. 슈퍼마켓을 하는 친구가 네 명이었는데, 나는 태우네 가게에 많이 갔다. 태우네 가게에서는 맛있는 초콜릿들을 싼 가격에 판다. 태우가 준비를 제법 많이 해왔다.
　평등마을 때와 달리 자유마을에서는 자기가 벌어들인 돈이 다 자기 것이 되기 때문에 친구들이 정말 열심히 한다. 그런데 잘 되는 가게는 아주 잘 되고, 잘 안 되는 가게는 정말 파리만 날린다. 그게 좀 미안했다.　　　　　　　　　　　　　　　　초5 이○○

　나는 신의와 슈퍼마켓을 했다. 마을 친구들 대부분이 태우네 가게와 창윤이네 가게에 몰렸다. 이 말은 우리 가게에 친구들이 별로 오지 않았다는 이야기다. 오늘 손님이 딱 한 명 왔는데, 한 명이기는 해도 그렇게 기쁠 수가 없었다.
　나는 신의와 다른 슈퍼에 가서 잔뜩 소비를 하기도 했다. 여기

저기 둘러보는데 맛있어 보이는 작은 과자가 많이 있었다. 저마다 광고도 잘하고 무슨 할인 혜택이나 서비스 같은 것도 막 주는 걸 보았다. 친구들이 우리 가게에 있는 물건을 사게 하려면 어떻게 해야 할까? 생각했다. 　　　　　　　　　　　　　　　　초5 정○○

　자유마을이 어려웠다. 자유마을 첫날 자리 경매에서 돈을 엄청 많이 써버렸다. 친한 친구와 앉으려고 다른 애들과 경쟁을 하다 보니 예상보다 많은 돈을 썼다. 평등마을에서 벌어둔 돈을 거의 다 써버렸다. 그래서 직업 경매에서 무척 곤란했다. 직업도 원하는 대로 얻지 못했고, 문구점에서 파는 것들도 하나도 못 샀다. 그래서 마음이 너무 힘들었다. 아르바이트로 돈을 벌려고 했는데, 오정우 가게에서 바로 해고당했다. 계산하는 일도 너무 힘들었다. 감사원에서 내 통장을 검사하는데 심장이 다 벌렁거렸다. 다음에는 제대로 할 것이다. 　　　　　　　　　　　　　초5 염○○

　평등마을을 마치고 자유마을을 시작했다. 평등마을에서는 자신이 일한 만큼 벌지 못했고 직업을 하나밖에 갖지 못했다. 모두가 평등하고 공평하게 마을활동을 할 수 있어 장점이 있다. 그러나 나는 그게 마음에 들지 않았다.
　자유마을에서는 하고 싶은 대로 할 수 있다. 생활비가 300냥으로 오르고, 자리와 직업도 경매로 정했다. 4단원 수학 시험 결과와 평등마을에서 벌어들인 재산 순서대로 수업수당을 받았다. 나는 수학 시험도 평소보다 잘 보고 평등마을 때 모은 재산도 제법 되어서 700냥의 수업수당을 매일 받는다.

   자유마을에서는 사업을 하나 해볼 생각이다. 장사를 잘해서 나도 10대 부자 안에 들었으면 좋겠다.
초5 나○○

   자유마을은 전에 했던 평등마을이랑 차원이 달랐다. 내 자리를 내 돈 주고 사야 하고, 직업을 돈으로 사고 하니까 돈이 금방 없어졌다. 앞으로는 아껴 살아야겠다.

   나는 복권을 판다. 잘 안 팔릴 것 같아서 두려웠지만 친구들이 많이 와서 좋았다. 알바를 하겠다는 승민이가 있어서 든든했고, 원빈이도 한다고 해서 엄청 좋았다. 아르바이트생들이 일을 덜어주면서도 돈을 조금밖에 안 받아서 고마웠다.
초5 이○○

   평등마을이 끝나고 자유마을을 시작한다. 나는 10대 부자에 들어갔지만 돈을 잘 쓰는 스타일이 아니어서 사고 싶은 자리나 직업을 얻지 못했다. 자리는 어차피 사야 하는 것이어서 일단은 중간 가격 정도 되는 500냥짜리 자리를 샀다.

   직업 경매를 했다. 나는 직업을 세 개 맡았다. 슈퍼마켓, 공부도우미, 생활비 담당이다. 일을 하는데 이거 하라, 저거 하라, 정신이 없었다. 거기다 소득세, 생활비, 수업수당을 내러 가야 해서 더 바빴다. 직업을 많이 해서 돈을 많이 버니 좋기는 하지만 그만큼 소득세를 내야 해서 안 좋다.

   엄마, 아빠의 삶을 체험하니 좋다. 자유마을은 기대한 바와 같이 재미있다.
초5 정○○

3.
자유마을

자유마을 교실 풍경

학생들이 매우 활발히 경제활동을 합니다. 사업장 성격의 직업이 많아지면서 거래가 늘어납니다. 같은 종류의 사업장이 늘어나고 자연스럽게 사업장 사이에 경쟁도 벌어집니다.

평등마을 때와는 비교할 수 없을 정도로 다양한 재화가 넘쳐납니다. 교사가 사주지 않아도 학생들 스스로 준비해옵니다.

문구점과 슈퍼마켓의 학생들은 교사가 공급해주는 재화를 기다리지 않고 친구들에게 잘 팔릴 것 같은 물품을 가져옵니다. 물품이 넘쳐나다 보니 물품의 가격이 하락하는 현상을 보이며 과자 등의 먹을 것이 많이 거래됩니다. 경제활동이 과열된다 싶을 정도로 활발히 벌어집니다. 쉬는 시간이 소란해집니다. 가끔은 수업 시간에도 마을활동을 하고 싶다고 부탁하는 학생이 생깁니다.

토지 매매로 불로소득이 발생합니다. 노동으로는 획득할 수 없는 많은 소득을 벌어들인 학생들을 보며 다른 학생들은 허탈해합니다.

자유마을에서는 기본적인 지출이 많습니다. 바삐 일하지 않으면 파산할 수밖에 없습니다. 직업활동을 열심히 하지 않거나 직업이 없는 학생은 파산하고 마을통장을 교사에게 압수당합니다. (파산을 선고받고 마을통장을 교사에게 반납해야만 합니다.)

자유마을 초기에는 여러 개의 문구점과 슈퍼마켓이 등장합니다. 그러나 제대로 활성화되는 사업장은 한두 개 정도에 지나지 않습니다. 열심히 하는 사업장은 많은 돈을 벌어들이지만 특별한 노력을 기울이지 않는 사업장은 운영에 어려움을 겪게 됩니다.

경제활동이 활발해지면서 교실에 쓰레기가 늘어납니다. 간혹 학생들 사이에 다툼이 벌어지기도 합니다. 심지어는 울면서 마을활동 따위 하고 싶지 않다고 말하는 학생도 생깁니다.

평등마을과 달리 직업의 수를 제한하지 않습니다. 벌어들인 수입에서 세금 10%만 제외한 모든 소득을 갖는 이 시스템은 시장의 활기를 교실로 가져옵니다. 교사가 제안하지 않은 새로운 직업도 만들 수 있습니다. 마을화폐를 얻기 위한 모든 노력을 인정해주는 시기입니다.

사업자들은 다양하고 창의적인 아이디어를 냅니다. 그러나 돈이 되지 않는 직업은 인기가 없습니다. 학생들은 주로 돈을 많이 벌 수 있는 직업에 눈을 밝힙니다.

전반적으로, 자유마을에서는 빈부의 격차가 심해집니다. 파산하는 학생도 적지 않습니다. 복권 구입에 열을 올리며 인생역전을 노리던 학생 대부분은 경제적인 어려움을 맞게 됩니다.

너무 재미있다며 자유마을 운영 기간을 더 늘리자고 말하는 학생들이 나타납니다. 반면 조용한 성품의 학생들과 교사는 스트레스를 받습니다. 교사 입장에서는 다소 견디는 기분으로 자유마을을 운영하게 됩니다.

> 불로소득에 대한 나의 생각
>
> 초6 정○○
>
> 학교에서 불로소득에 대해 배웠다. 선생님께서 지은이 땅을 자그마치 10,000냥이나 주고 사셨다. 그 말은 지은이가 순식간에 10,000냥을 벌었다는 얘기다. 선생님은 그 일을 수업 시간에 이야기하시면서 "무슨 생각이 드니?" 하고 물으셨다. 나는 오직 '내 땅은 왜 안 사시나.' 하는 생각뿐이었다. 불로소득을 벌어간 지은이가 무척 부러웠다. 어른들은 어떻게 생각할지는 모르겠어서 엄마에게 물어봤다.
> "엄마, 불로소득은 나쁜 거야?"
> 엄마는 말했다.
> "네가 시험공부를 열심히 했는데 다른 애는 공부도 안 하고 커닝해서 100점을 맞으면 어때?"
> "기분이 나쁘지…."
> "그게 불로소득이야."

• 자유마을의 복권 판매는 평등마을보다 사행성이 더 높습니다. 최고 당첨금의 액수를 매우 높게 책정하되, 전체 당첨금의 총액은 낮게 책정합니다. 최고 당첨금의 액수나 당첨 제비의 개수는 공개하지 않습니다.

> 엄마가 그렇게 말해주니 단박에 이해가 됐다. 일하지 않고 공짜로 이득을 보는 건 나쁜 것 같다. 아까 애들이랑 수업 시간에 경제에 대한 이야기를 나눌 때 어떤 애가 돈 있는 사람만 부자가 된다며 막 뭐라고 했다. 그건 슬픈 이야기 같았다.
> 토지 불로소득은 이해가 된 것 같기도 하고 아닌 것 같기도 하다. 어떤 할아버지가 젊을 적 돈을 벌어 집을 샀는데 그 집이 시간이 지나니 지하철이나 편의 시설 등이 생겨서 더 비싸졌다. 그때 그 집을 비싼 돈을 받고 팔거나 임대하면 그걸 불로소득으로 봐야 하는 걸까? 오랫동안 갖고 있었으니까 뭔가 한 거 아닌가? 헷갈린다.

경제 수업 3

i. 자유마을이 끝난 뒤 학생들의 반응

반응은 둘로 나뉩니다. 재미있어하는 학생들이 있고 피곤해하는 학생도 있습니다. 자기가 생각했던 것을 마음껏 펼친 것은 좋았으나 학생들 사이의 경제적 상호작용이 늘어나면서 발생하는 스트레스도 만만치 않습니다.

학생들은 토지 불로소득에 상당한 불만을 갖습니다. 말이 안 된다는 겁니다. 심지어 토지 불로소득을 얻은 학생들에게 노골적인 적대감을 드러내기도 합니다. 파산한 학생들은 무기력한 모습까지 보입니다. 자본주의 경제 체제의 모순이 그대로 드러나는 것 같아서 지켜보는 교사의 마음이 씁쓸해지기도 합니다.

경제 수업 3에서는 자유마을을 정리하고, 이어서 시작될 공정마을을 준비합니다.

ii. 자유마을 마무리

자유마을을 마무리하면서 학생들에게 알게 된 점, 느낀 점 등을 자유롭게 이야기해보라고 합니다. 학생들은 여러 가지 이야기들을 쏟아놓습니다. 이때, 어느 누구를 윤리적으로 비난하는 분위기가 형성되지 않도록 주의시켜야 합니다. 빈부 차가 상당히 벌어진 상태이기 때문에 한편으로는 날 선 감정이 오가기도 합니다. 학생들이 주어진 경제 시스템 안에서 나름의 역할을 했던 것임을 이해시키고, 그것이 배움의 소재가 되었다는 점을 이야기해주어야 합니다.

자유마을을 정리하면서 다음과 같은 질문을 던집니다.

> 자유마을의 빈부 격차는 간극이 매우 커요.

> 공정마을 시작 전에 자유마을에서 벌어들인 재산이 조정된다는 이야기를 미리 해주어야 해요.(중요!)

Q1. 부유한 사람과 가난한 사람의 특징은 무엇인가요?

학생들의 재산 현황을 칠판에 기록하면서 부유한 사람의 특징을 찾아보게 합니다.

대체로 활발한 경제활동을 한 학생들이 많은

재산을 획득합니다. 그러나 토지 불로소득을 통해 그야말로 떼돈을 번 학생들이 도드라집니다. 토지 불로소득으로 떼돈을 번 학생이 어떤 소비를 했는지 알아보는 것도 재미있습니다. 파산한 학생들 중에는 큰 잘못이 없는 학생도 있습니다. 이 점을 짚어주는 것도 좋습니다.

Q2. 자유마을은 어떤 특징이 있나요?
자유마을을 두고 여러 가지 이야기가 나옵니다. 자유로운 경제활동을 할 수 있어서 재미있었다는 반응도 있으나 화가 나거나 '이건 아니다.' 하고 생각했다는 반응도 있습니다. 마을활동은 이상적인 경제 시스템을 경험하게 하기 위한 것이 아니라 각 경제 시스템의 좋은 점과 모순된 점을 함께 경험하게 하기 위한 것입니다. 이를 통해 경제에 대한 깊이 있는 생각을 이끌고, 우리가 사는 세상을 돌아보며 복잡한 생각을 하게 만듭니다.

iii. 평등마을과 자유마을 비교하기
자유마을을 마치며 학생들에게 느낀 점, 경험했던 것을 이야기해보라고 하면 평등마을의 마무리활동 때보다 더 활기차게 이야기들을 쏟아내는 것을 볼 수 있습니다. 학생들과 이야기를 나누며 각 경제마을의 장점과 단점을 정리합니다.

* 국어와 사회과 주제 통합 수업을 할 수 있습니다. 분석, 분류, 비교, 대조 등의 설명 방법으로 평등마을과 자유마을을 분석하는

글을 쓰게 할 수도 있습니다.

*사회교과의 경제 단원도 우리나라 경제의 특징과 경제 성장과정에서 나타났던 문제점을 다룹니다. 자유마을에서 발생한 빈부 격차 사례를 사회 경제 수업과 접목하여 교과를 재구성할 수 있습니다. 이를 통해 더 깊이 있는 수업을 할 수 있습니다.

평등마을과 자유마을 비교 (예시)

	평등마을	자유마을
장점	• 모두가 공평하다. 평등해서 좋다. • 자유마을보다 쉽다. • 마을활동 자체가 재미있다.	• 원하는 직업, 원하는 자리를 얻을 수 있는 기회가 있다. • 하고 싶은 일을 많이 할 수 있고 돈도 노력한 만큼 벌 수 있다. • 다양한 직업이 많이 생겼다.
단점	• 원하는 직업을 얻기가 어렵다. • 번 돈을 모두 선생님이 가져가 버린다. • 임금만 받자니 아무래도 아쉽다.	• 교실이 소란하고 쓰레기도 많이 나온다. • 빈부 격차가 심하게 벌어진다. • 토지 불로소득 때문에 화가 난다.

iv. 희망을 생각하는 경제 수업

자유마을을 마치고 하는 이 수업은 매우 중요합니다. 학생들은 경제의 기본 개념을 익힌 상태이고, 두 개의 경제 시스템의 장단점을 비교할 수 있습니다. 경제에 대한 가치 있는 판단을 내릴 준비가 된 상태가 된 것입니다.

교사는 마을활동의 목적이 무엇인지 기억해야 합니다. 마을활동의 목적은 학생들이 이상적인 경제 시스템을 꿈꾸게 하는 데 있습니다. 부조리한 현실에 안주하지 않고, 더 아름다운 내일을 위한 바른 선택을 내리도록 학생들을 성숙시키기 위해 마을활동을 하는 것입니다. 어떤 경제 시스템이 옳고, 어떤 해법이 바람직하다는 주장을 하려는 것은 아닙니다.

경제 수업 3에서는 학생들에게 희망의 메시지를 던져야 합니다. 두 경제 시스템의 장점과 단점을 비교하고, 단점이 가져온 나쁜 결과를 주목하게 합니다. 그리고 이와 같은 부조리한 경제 현실을 극복하기 위해 정부나 민간단체에서 하고 있는 노력에 대해서 함께 알아보는 시간을 갖습니다. 더 나아가 문제점을 극복한 사례와 더 나은 세상을 만들기 위해 노력한 사람들의 사례를 함께 나누는 것도 좋습니다. (검색 키워드:유일한, 김만덕, 무하마드 유누스, 룰라, 윌리엄 윌버포스, 공정무역, 기업의 사회 공헌활동, 지속 가능 발전, 마을교육공동체, 사회적 경제, 협동조합, 사회적 기업 등.)

- 공정마을을 위한 재산 조정

자유마을을 시작할 때는 평등마을에서 벌어들인 재산을 그대로 인정하지만, 공정마을을 시작할 때는 마을법률에 제시한 〈마을화폐 지급 기준표〉에 따라 학생들의 재산을 조정합니다. 마을법률에 제시했어도 학생들은 이 사실을 기억하지 못해 큰 충격에 빠지기도 합니다. 그래도 어쩔 수 없습니다. 시장놀이 재미 보려고 마을활동을 한 것은 아니니까요.

- 공정마을 직업 선택

공정마을의 경제 시스템 운영 방식은 자유마을과 비슷합니다. 직업 선택 방식도 비슷하지만 내용이 다릅니다. 공정마을에서는 한 학생이 세 개 이상의 직업을 가질 수 없습니다. 직업 선택을 고민할 때도 돈을 얼마나 많이 벌 수 있느냐보다 '내가 좋아하고 잘하는 일, 더 나아가 함께 행복할 수 있는 일'을 직업으로 삼는 데 무게중심을 둔다는 점이 다릅니다.

학생 인터뷰
평등마을과 자유마을을 마치고

저는 마을활동을 하면서 제가 처음에 갖게 된 직업이 슈퍼마켓인데 그것을 할 때 아이들이 물건을 많이 살 줄 알고 물건을 아주 많이, 많이 준비를 해놨는데 친구들은 사가지 않았어요. 버리자니 아깝고 먹자니 너무 많아서 싼값에 팔 수 밖에 없었어요. 항상 물건을 팔 때는 일정한 양을 팔고 이익을 생각하면서 팔아야 할 것 같아요.

초5 정○○

저는 자유마을에서 문구점을 했습니다. 문구점은 좋은 직업인 것 같았습니다. 사람들도 많이 오고, 물건도 잘 팔려서 기분이 좋았습니다. 자기 사업을 할 수 있다는 게 참 좋은 것 같습니다. 저는 평등마을보다는 자유마을이 더 좋았던 것 같습니다.

초5 박○○

처음에 한 평등마을에서는 정해진 월급이 있어서 대충하기도 했는데, 자유마을에서는 슈퍼마켓을 경매로 사서 하니까 내가 버는 만큼 얻는다는 생각에 더 열심히 해서 돈을 많이 벌어서 기분이 좋았어요. 공정마을에서는 어떻게 될지 궁금합니다.

초5 김○○

저는 마을활동에서 경매에 대해서 다시 한번 배우게 되었어요. 어른들이 하는 경매를 실제로 직접 해보니까 되게 위험하더라고요. 돈을 함부로 걸어서 날릴 수 있다는 것을 알았고요. 또 마을활동을 통해서 가장 크게 느낀 것이 부모님의 마음을 알 수 있었던 것 같아요. 정해진 돈 내에서 알뜰한 소비를 통해 저희를 키워야 하는 부모님의 마음을 알 수 있는 시간이었습니다.

초5 이○○

학생 수업 소감문
자유 경제 시스템을 마치며

내 마음 나도 몰라

　자유마을을 시작한 지 1주일이 되었다. 매니큐어와 페이퍼 타투, 게임 대여소, 음료수와 과자 등을 팔며 활동한 지 1주일이나 되었다는 뜻이다. 평등마을과 다르게 시간은 아주 빨리 갔다. 아무래도 평등마을은 나한테 좀 지루했나보다.

　평등마을에서는 내가 아무리 열심히 해도 다른 사람들과 똑같은 월급을 받으며 활동했다. 이것의 의미는 자신이 아무리 놀고먹으며 시간을 보내도 열심히 일한 사람과 같이 돈을 받으니 사람이 의욕이 떨어질 수밖에 없었다. 난 내가 바쁜 게 좋아서 복권 판매를 열심히 했지만 팔아봤자 내 이익도 아니고, 겨우 2000냥을 받으며 살아가니 '이렇게 일해 봤자 나한테 오는 것도 없는데, 그냥 놀까?'라는 생각도 적지 않게 했다. 또 나는 자유마을을 기다렸다. 어느 쪽인지는 모르겠지만 내 생각에 평등마을과 안 맞았던 이유는 대한민국이 자유마을 형식으로 돌아가서이거나 아니면 내가 태생적으로 이렇게 꽉 막힌 생활을 싫어해서일 수도 있겠다. 둘 다인 것 같지만.

　자유마을은 처음엔 기뻤다. 내가 원하는 사업을 해서 이익을 내가 모두 갖고 내가 모든 것을 마음대로 할 수 있을 것만 같았다. 하루 종일 이 생각만하고, '뭘 하지? 뭘 하지?'라는 생각만 가득했던 것 같다. 근데 역시 내 맘대로는 아무것도 되지 않았다. 매니큐어는 아무도 바르러 오지 않았고, 보드게임을 할 시간이 없는지라 애들이 빌려가지 않았다. 결국 매출의 9분의 7을 차지하는 건 유진이의 과자. 내가 만약 유진이와 동업하지 않았으면 파산했을지도 모르겠다. 유진이의 과자가 없어지니 매출이 눈에 띄게 줄었다. 이게 바로 가게를 하는 사람들의 심정인지도 모르겠다. 생활비는 빠져나가지, 먹을 건 먹어야지(배고프니까), 사람들은 안 오지…. 나는 이런 고민들로 밤잠을 설친 적도 있다. 유진이 잘못이 아닌데도 유진이를 은근히 질투하기도 했다. 나랑 동업을 하면서 팔리는 것은 과자뿐이니 옆에서 내 물건이 안 팔리는 걸 보며 괜시리 짜증나기도 했다. 나는 열심히 했는데 애들이 안 사가니 허탈할 뿐이었다.

평등마을 때가 오히려 나은지도 모르겠다. '나의 매출에 따라 월급이 바뀌진 않으니, 이런 고민도 안 했겠지.'라는 생각이 마구마구 들었다. 평등마을 땐 그렇게 자유마을을 기다렸으면서, 역시 사람 마음은 변덕스러운 것 같다. 둘 다 싫지도 않았고, 둘 다 좋지도 않았다. 평등마을 땐 자유마을을, 자유마을 땐 평등마을을 생각하며 활동했다. 이제 평등마을로 돌아갈 순 없으니 공정마을을 생각해야 하나?

이제 곧 공정마을을 하게 될 거다. 자유마을, 평등마을과는 다르게 잘 이해가 안 된다. 그래서 많이 걱정이 된다. 내가 자유마을과 평등마을처럼 공정마을에서 잘 활동하지 못할까봐.

내가 자유마을을 하며 깨우친 것은 절약 정신이다. 돈을 막 써도 돈이 리필 되니 나는 돈을 아껴야 되는 필요성을 느끼지 못했다. 하지만 지금은 내 눈으로 빈부 격차와 통장 잔고 걱정을 하다 보니 절약 정신을 알게 되었다.
초6 정○○

내 땅은 안 된다

나는 자유마을이 매우 마음에 든다. 자유마을에서 나는 땅을 팔았기 때문에, 엄청 큰돈을 벌었다. 내 이름으로 된 땅이 없다는 게 좀 그렇기는 했지만 돈을 벌 수 있는 기회를 놓칠 수는 없었다. 그렇게 돈이 불어난 게 꼭 좋은 것만은 아니지만, 그래도 경제 활동에서 돈이 많다는 것은 얼마나 기분이 좋은 일인가? 솔직히, 내 통장을 보면서 혼자 웃은 적도 있었다. 친구들한테 좀 미안하기도 했지만.

자유경제 시스템은 우리가 물건의 가격을 정할 수 있었다. 그래서 싼 값에 많은 것을 살 수 있었다. '치즈 볼' 값도 내려가고 잡화점이 생기면서 더 많은 물건을 살 수 있어 좋았다. 게다가 나는 돈도 많았다. 그래서 친구들에게 많은 것을 사주었는데 가끔은 불안하기도 했다. 혹시라도 나만 돈이 많아서 나를 싫어하게 될까 봐 걱정이 됐다.

자유마을은 장점도 있지만, 단점도 많았다. 예를 들자면, 서로 같은 물건을 팔게 되면 서로 가격을 더 낮추려고 하고, 돈이 없으면 복권에 행운을 걸거나, 자기 땅을 함부로 판다. 파산하는 애도 많았다. 그런 친구들을 보면, 언젠가 나도 저렇게 될 수도 있다는 압박감을 느끼기도 했다. 그리고 나보다 돈이 적었던 친구에게 갑자기 많은 돈이 생기면, '내가 너무 숙제를 대충했나?', '내가 물건을 잘 못 파는 건가?'라는 생각을 하게 되면서 기분이 나빠졌다. 이런 걸 생각해보면 자유마을도 그렇게 좋지만은 않았다.

시간이 점점 지나면서, 나의 재산이 줄어든다는 것을 느꼈다. 내가 요즘 잡화점을 하면서, 열심히 하지는 않았지만, 조금 울적해졌다. 내 마음과는 다르게 지출은 늘어나고, 세금도 많이 내야 한다. 그리고 정말 기분 나쁜 게 있었다. 나는 내 토지를 선생님께 팔았으므로, 토지세를 선생님께 내야 한다. 아까 토지 임대료를 선생님께 내러 갔을 때 선생님께서 이런 말씀을 하셨다.

"지은아, 너는 내 토지에서 살고 있다는 거 잊지 말아라."

으악. 이게 무슨 상황인가! 내가 내 토지를 팔았다고 해서 내가 이런 소리를 들어야 하는가! 10,000냥을 받았지만, 이렇게 남의 땅에서 사는 것은 너무 비통하다.

자유마을을 통해, 아끼기도 많이 아껴야 하지만 물건도 열심히 팔고, 직업을 한번 가지면 일단은 열심히 해야 한다는 것을 알게 되었다. 다음에 다시 자유마을을 할 기회가 생긴다면 열심히 물건을 팔 것이고, 토지도 팔지 않을 것이다. 토지는 절대 팔지 않을 것이다. 절대, 절대. 내 땅이 없다고 하니까 기분이 찜찜했고 그게 싫었다.

다음 공정마을은 어떻게 하게 될까? 마지막으로 하는 마을활동이니까 가장 공정하고, 단점이 없는 마을이 아닐까? 아니면 의외로 가장 문제가 많은 마을일까? 기대가 되지만, 그 기대 속에는

두려움과 걱정도 섞여있는 것 같다. 초6 김○○

자유마을의 문제

평등마을을 돌아보면 최초의 파산자가 생기면서 그 이후로 친구들이 돈을 아끼게 된 것 같다. 나는 평등마을에서 구두쇠가 될 줄도 알아야 한다고 생각했다. 세금이 많기도 하고, 돈을 아끼면 자유마을에서 기회가 더 생길 수 있다. 자유마을에서 직업을 사면 버는 대로 받기 때문이다. 사실 평등마을은 평등하지 않은 것 같다. 평등하다면 모두가 하는 일의 양도 같아야 한다고 생각한다. 이 마을은 (실패한) 공산주의에 가까운 것 같았다.

나는 자유마을을 기대했다. 자유마을이 되자 나는 수업수당 1000냥을 받고 시작했다. 매일 1000냥! 직업도 3개! 직업수당을 무려 4700냥이나 받았다. 하지만 기분 좋은 것도 잠시. 나는 자유마을에서 '안다'는 것이 얼마나 중요한지 뼈저리게 느꼈다. 나는 '정보'의 부족을 절감했다. 친구들이 어떤 과자를 좋아하는지 몰랐기 때문에 슈퍼마켓을 하고 있는 ○○와 6000냥 이상 격차가 벌어지고 말았다.

자유마을은 재밌지만 여러 가지 문제점이 보인다. 자유롭게 경쟁하며 마음껏 돈을 벌 수 있고, 문방구도 선생님께 물건을 사들여 이윤을 남기고 파는 식이다. 이런 점에서 자유마을은 지금 사회와 가장 유사하다. 하지만 이 마을은 별로 좋은 것 같지 않다. ○○는 일부러 규칙을 지키지 않고 물건을 팔지 않아야 할 시간에 물건을 팔거나, 친구들이 통장에 물건 값을 아직 기입하지 않

앉는데도 물건을 넘겼다. 돈을 더 벌기 위해 규칙을 어겼다. 또한 친구들의 소비가 늘어날수록 교실도 지저분해지기 시작했다. 자유마을은 내가 애초에 생각한 것처럼 좋은 것이 아니었다. 게다가 마지막에 친구들 간에 빈부 차가 심하게 났다.   초5 황○○

선생님 마을활동 소감문
평등마을과 자유마을을 마치며

 떡잎마을 여러분, 2주 동안 평등마을, 자유마을 운영을 하느라 정말 수고 많았습니다. 선생님이 생각했던 것보다 더 잘했습니다.
 선생님은 마을활동으로 경제를 가르치는 것이 무척 좋습니다. 해마다 하면 할수록 많은 것을 배우고 많은 것을 느낍니다. 직업을 갖고 경제력이 생긴 여러분들을 보며 생기를 느낍니다. 기대감에 가득 차 법률을 들여다보며 무슨 일을 할지 상상하는 모습이 너무도 사랑스럽습니다.
 성훈이와 경민이가 원신문구점을 해보겠다며 소곤소곤 이야기를 나누고 광고지와 간판을 만들었습니다. 싱글벙글 웃으며 일하는 모습을 보는데 기분이 좋았습니다. 선생님에게 마을법률의 내용을 끊임없이 질문하고 슈퍼마켓 물건을 사는 데 전혀 돈을 쓰지 않고 공정마을을 준비하는 준이의 모습 또한 새롭게 다가왔습니다. (준이가 그럴 줄은 몰랐습니다.) 자기가 좋아하는 일은 더 열심히 하고 싶죠? 공정마을에서는 내가 좋아하는 일을 찾아 직업으로 삼을 수 있는데, 친구들이 공정마을에서 자기가 하고 싶은 일을 마음껏 할 수 있으면 좋겠습니다.
 마을활동을 하면서 하고 싶은 일을 하는 게 정말 좋은 거구나, 하고 다시 생각합니다. 자신이 할 일이 무엇인지 자세히 안내한 은서의 직업 간판이며, 겉으로는 덜렁댈 것 같던 영웅이가 장부를 기입하는 방법을 익히고 자유마을 마지막 날까지 빠짐없이 꼼꼼하게 기록하는 모습이 인상적이었습니다. 평등마을 5일 동안 여러분이 직업인으로 성실히 일했던 모습이 장부에 고스란히 남아있습니다. 은서의 소감문도 좋았습니다. 은서는 생활비 담당자여서 친구들과 매일 이야기를 나눌 수 있어서 좋았다고 했습니다. 그 얘기가 반가웠습니다. 여러분들은 각자 맡은 역할로 마을을 운영해왔습니다. 나중에 어른이 되어서도 잘 해낼 거라는 기대감이 들었습니다.

하지만 평등마을에서 찬우의 돈 쓰는 버릇이 걱정이 됐습니다. 아니나 다를까 자유마을에서 며칠을 버티지 못하고 파산하였습니다. 라면 경매에 돈을 많이 써버린 준이와 경민이도 찬우의 뒤를 이어 파산을 했습니다. 더 이상 이 친구들이 마을활동을 하지 못하게 되어 선생님도 무척 안타까웠습니다만 파산을 통해 배운 것이 있으리라 생각했고 세 친구 덕분에 나머지 친구들도 많은 것을 배웠으리라 생각했습니다. 배움을 허락해준 세 친구에게 고맙습니다.

열심히 일해준 여러분 무척 고맙습니다. 여러분은 정말 즐겁게, 그리고 성실히 일했습니다. 많은 것을 배우고 생각했습니다. 라면 가게, 타투, 어린이 카페, 다트방을 운영하고, 슈퍼에서 얼음도 팔고 집에서 쓰지 않는 쓸 만한 물건들을 가져와 싸게 팔았습니다. 알뜰 문구점에서는 다양한 아이템으로 손님을 끌어 장사를 했습니다. 광고지를 만들어 홍보도 하는 모습이 너무 사랑스러웠습니다. 가격이 어떻게 만들어지는지 알고 수요가 많은 라면을 경매로 판 라면가게의 모습도 매우 인상적이었습니다. 민성이와 하민이, 상우 덕에 토지 불로소득이 무엇인지 확실하게 알게 되었습니다. 예린이는 빈부 격차를 해결하기 위해 버핏세를 마을에 도입할 것을 주장했습니다. 희준이는 세금을 많이 거두어 복지제도를 확대해야 한다고 했습니다. 스스로 생각하고 활동하고 공부하는 모습이 너무 예뻤습니다.

자유마을은 즐겁고 활기찼지만 나름 힘든 점도 많았을 겁니다. 친구들과 경쟁하며 속도 상했을 것이고 돈을 마구 벌어들이는 다른 사업장을 보며 질투도 했을 겁니다. 자유마을에서는 평등마을에서보다 더 많은 학생이 파산했습니다. 반면에 어떤 학생들은 정말 쳐다보기 어려울 정도로 많은 돈을 벌어들이기도 했죠. 답답하기도 하고 화가 날 때도 있었을 겁니다. 일이 많아서 피곤하기도 했을 테지요. 다음 마을에서는 이런 문제들을 해결해봅시다. 바야흐로 마을활동이 3주차에 접어듭니다.

이제 공정마을로 넘어갑니다. 공정마을에서는 자기가 좋아하고 잘하는 일로 마을활동 마지막 한 주를 꾸려가게 됩니다. 마을의 행복에 기여할 만한 일인지 생각해봐도 좋겠지요. 마지막 한 주도 재미있게 운영해봅시다. 우리 떡잎 마을의 주인은 여러분이니까요. 너무 너무 사랑스러운 여러분, 모두 자랑스럽습니다!

떡잎마을 친구들에게
김혜영 선생님이

4.
공정마을

공정마을 교실 풍경

지나치다싶을 만큼 달아올랐던 교실 분위기는 차분히 가라앉습니다. 자유마을이 끝난 뒤 학생들의 재산을 재산 순위에 따라 조정했기 때문에 허탈해하는 학생도 있습니다. 파산한 학생들은 다시 시작할 수 있다는 생각에 기운을 내기도 합니다.

교사는 은행을 운영합니다. 이윤을 추구하는 은행은 아닙니다. 파산에 몰린 학생에게 긴급 자금을 지원해주는, 일종의 사회안전망입니다.

다양한 직업이 등장합니다. 학생들은 자기가 좋아하고 잘할 수 있는 직업, 함께 행복할 수 있는 직업을 만들 수 있습니다. 그 일을 통해 마을화폐를 벌어들입니다. 만화를 그려 게시판이나 벽에 붙인다든가, 웃음 카드 같은 것을 써서 친구들에게 준다든가 하는 식입니다.

공정마을에서는 즐거운 경제활동이 이어지도록 분위기를 만들어야 합니다. 수익이 나지 않는 다양한 직업활동에 교사는 적절한 임금을 줍니다. '플룻 공연 한 번에 500냥' 이런 식으로 말입니다.

사업을 하고 싶은 학생들은 사업으로 많은 수익을 올립니다. 생산에 대한 세금이 없기 때문에 자유마을 때보다 더 많이 벌어들일 수 있습니다. 같은 직업을 가진 학생들과 경쟁을 하기는 하지만 자유마을 때처럼 치열하지는 않습니다.

마을활동을 하면서 매일 지출해야 하는 비용(생활비)이 낮습니다. 공무원 성격 직업의 임금이 높습니다. 충분한 기본 소득이 보장되기 때문에 경제적 위협을 당하지 않습니다. 자유마을에서 생활비를 내지 못할까 염려했던 대부분의 학생이 안정감을 느낍니다.

토지 불로소득이 차단됩니다. 복권 사업도 벌이지 않습니다. 세금은 토지세만 걷습니다. 공정마을은 이런 식으로 생산을 장려합니다.

공정마을이 끝나고 나면 마을화폐가 쓸모없어진다는 생각에 처음부터 김빠져 하는 학생들이 생깁니다. 자유마을 때처럼 달아오르는 분위기가 나지 않을 수 있습니다. 평등마을 때는 신기해서, 자유마을 때는 신이 나서 마을활동에 참여하던 아이들이 다소 가라앉은 모습을 보이기도 합니다. 그래서 공정마을을 운영할 때는 교사의 역할이 중요합니다. 학생들이 자기가 좋아하고 잘하는 일을 할 수 있도록 자리를 마련해주고 격려하고 칭찬해주어야 합니다. 그래서 공정마을에서는 직업을 정하고 나서 직업활동을 준비하는 시간을 하루 이틀 정도 가지면 좋습니다. 학생들은 이 기간에 친구들이 좋아하는 과자나 재료를 설문조사하여 팔 음식을 정하기도 하고, 만드는 데 시간이 필요한 물건을 미리 만들기도 합니다. 가게 간판이나 메뉴판, 홍보지를 만드는 일도 합니다.

공정마을에서 벌어들인 마을화폐를 어떻게 정리할 것인지 마을활동을 시작하기 전에 공지해주는 것이 좋습니다. 마을활동이 끝난 뒤에도 마을화폐를 쓸 수 있다는 점을 알려주는 것입니다. 예를 들어 500냥에 초콜릿 하나, 1000냥에 급식 우선권 하나, 1500냥에 자리 선택권 하나, 이런 식으로 말입니다.

공정마을에서는 다양한 창업을 독려하는 것이 좋습니다. 저마다 자기가 좋아하고 잘하는 일로 임금을 얻고 마을의 발전과 운영에 기여하는 것이 공정마을의 지향점입니다. 공정마을에서 창업을 할 때는 개인 사업 말고도 공공사업을 할 수 있습니다. 사업 성격 란에 개인 사업을 할 것인지 공공사업을 할 것인지 선택하게 합니다. 공공사업인 경우 교사가 사업의 성과에 따라 임금을 주고, 개인 사업일 경우에는 자기들이 일하는 만큼 벌어가면 됩니다. 다음 학생들의 창업 계획서를 참고하세요.

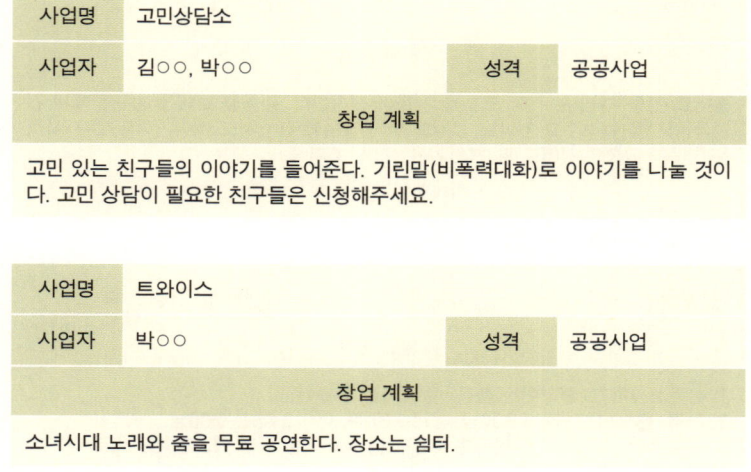

공정마을 창업 계획서(예시)

사업명	고민상담소		
사업자	김○○, 박○○	성격	공공사업
창업 계획			
고민 있는 친구들의 이야기를 들어준다. 기린말(비폭력대화)로 이야기를 나눌 것이다. 고민 상담이 필요한 친구들은 신청해주세요.			

사업명	트와이스		
사업자	박○○	성격	공공사업
창업 계획			
소녀시대 노래와 춤을 무료 공연한다. 장소는 쉼터.			

사업명	만화가 모였다		
사업자	문○○, 최○○	성격	개인 사업
창업 계획			

만화캐릭터 그리기 창업이다. 그리고 만화책 대여소도 할 것이고, 만화책을 볼 때 서비스로 음료수도 줄 것이다. 만화책은 하루에 한 번 빌릴 수 있고, 5번 빌리면 만화캐릭터를 무료로 하나 그려준다. 만화 캐릭터 예약은 3명이 최대다. 마지막으로 만화책 1권 빌릴 때 250냥, 만화 캐릭터 하나 그려줄 때 250냥이다.

사업명	찬찬발명제작소		
사업자	김○○, 이○○	성격	개인 사업
창업 계획			

뽑기 기계 사업자들에게 뽑기 기계를 종이로 만들어줄 것이다. 한 번 만들어줄 때 500냥씩 받을 것이다. 다른 사업장에서도 필요한 물품을 주문받아 제작하는 일을 하겠다. 우리의 기발한 발명품으로 사업이 더욱 번창할 것이다.

사업명	건담베이스		
사업자	조○○, 김○○	성격	개인 사업
창업 계획			

종이로 만들 수 있는 건담 로봇을 만들어 전시한다. 관심을 보이는 친구들에게 건담 이야기를 들려주고 건담별 성능과 무기 성능에 대해서도 이야기해주겠다. 사려는 친구가 있으면 경매로 팔겠다. 기본 100냥부터다.

사업명	사계절 브라운 가게		
사업자	김○○, 김○○, 박○○, 박○○	성격	개인 사업
창업 계획			

1. 설문조사하기 : 좋아하는 잼은? 좋아하는 우유는?
2. 가격 : 샌드위치 1개에 300냥, 음료수(우유, 아이스티)는 200냥.
3. 수입은 세금을 내고 나머지를 똑같이 나누고 남는 돈이 있으면 세금으로 내기.

이 외에도 풍선아트, 네일아트, 팔씨름으로 이겨라, 아이돌 춤 공연, 심부름센터, 싸게 파는 물건 사서 되팔기, 만화 카페, 만화 대여점, 반찬가게, 북청물장수, 타투 가게, VR 체험, 미술관 큐레이터, 식물학자, 동물학자 등등의 다양한 직업을 학생들이 스스로 운영할 수 있습니다.

수업 소감문

공정마을을 마치면서 그동안 공부하고 경험했던 것들을 정리하고 글쓰기나 소감 발표 등으로 마무리를 합니다.

이상적인 경제 시스템에 대한 자기 생각이나 마을활동을 마친 소회를 적는 활동을 합니다. 경제 관련 다큐멘터리나 지식채널-e 영상물을 보는 것도 좋습니다. (유튜브에 공개된 '지식채널-e' 경제 시리즈를 추천합니다.)

학생 수업 소감문
마을활동을 마치며

마을활동이 모두 끝나고 나서

　우여곡절 많던 마을활동이 모두 끝났다. 평등마을, 자유마을, 공정마을 세 개의 마을을 모두 마무리했다. 처음에 시작하던 날이 생각난다. 새로운 공부라 기대를 많이 했다. 이번 기회를 통해 나는 경제에 대해 많이 배운 것 같다. 그리고 마을활동이 빨리 끝난 것 같아 아쉽다.

　평등마을에서는 정말 말 그대로 평등했다. 모든 친구가 임금을 받고 일을 했는데 받는 임금도 거의 비슷했다. 그래서 누가 돈을 적게 쓰는지에 따라서 재산의 양이 달라졌다. 돈을 모으려면 돈을 쓰지 말아야 했다. 나는 그때 진짜 돈을 한 푼도 안 썼던 것 같다. 그래서 지금 좀 후회된다. 맛있는 거 많이 사먹을 걸.

　자유마을 때는 사업이 너무 재미있었다. 다른 애들은 비싼 값에 파는데 우리는 싸게 팔았다. 그래서 아주 잘 팔렸고 마을화폐도 많이 벌었다. 그래서 많이 썼다. 덕분에 아주 잘 먹고 잘살았는데 지금 생각해보면 좀 기분이 나빴던 일이 많았던 것 같다.

　공정마을 때는 그냥 편했다. 애들 직업 수가 늘어나고 재미있는 직업들도 있어서 그거 보는 게 재미있었다. 나는 공정마을 때 특별한 직업활동을 하지 않고 참여만 했다. 그래도 괜찮았고 그래서 좋았다.

  이제 마을활동이 다 끝났다. 진짜 아쉽다. 내가 어른이 되었을 때 이 마을활동이 생각날 것 같다. 이런 기회가 또 있었으면 좋겠다.
초6 지○○

세 개의 마을

  마을활동은 총 3주로 이루어져 있다.

  일단 첫 번째 활동인 평등마을을 할 때는 재미있기도 하였지만, 불만이 좀 더 많았다. 평등마을이라고는 했지만 진짜 평등은 아니었던 것 같다. 똑같이 임금을 받는 것은 공평할지 몰라도, 일을 열심히 한 사람도 있지만 덜 열심히 한 사람도 있었으니 열심히 한 사람이 뭔가 불공평한 것 같다.

  두 번째 활동이었던 자유마을은 가장 재미있고, 가장 열심히 했던 활동인 것 같다.

  평등마을에는 동업이라는 게 없었는데 자유마을은 동업하는 사람도 생기고, 자신이 직접 생각한 사업을 하고 돈을 버는 것도 많아서 나는 그게 더 평등하다고 생각했다. 자유마을이 우리가 사는 세상의 경제와 가장 비슷했던 것 같다. 그리고 다른 사람과 경쟁도 할 수 있어서 재미있었다. 제일 재미있고, 활발했던 마을은 자유마을이었다. 정말 즐거웠고 동업도 재미있었고, 자유로웠다.

  마지막 마을이었던 공정마을은 자유마을과 약간 비슷했으나 자유마을보단 차분하게 진행됐던 것 같다. 마지막 활동이어서 돈을 다 쓰기 바빴다. 친구들의 다양한 끼를 볼 수 있어서 좋았다. 세상에 저런 일도 할 수 있겠구나 하는 생각이었다.

그동안 학교에서 했던 활동 중에 마을활동이 가장 재미있었고, 새로웠다. 사회 공부에도 도움이 되었고, 부모님과도 경제에 대해서 이런 저런 얘기를 나눌 수 있었다.

마을활동에서 배운 것과, 재미있었던 점이 아주 많았다. 무엇보다도 우리 경제에 대해서 많이 알고 더 생각해보게 되어서 뿌듯하였다. 마을활동을 마치고 이런 활동을 한 번 더 했으면 좋겠다는 생각을 했다.

초6 박○○

선생님들께 마을활동을 권합니다

　마을활동은 제가 지금까지 학생들을 가르쳐오면서 가장 기억에 남는 활동이었어요. 교사로서도 굉장히 보람 있고, 재미있었고요. 아이들도 한번 더 하고 싶다고 말할 정도로 의미 있었어요.
　기억에 남는 에피소드도 많았습니다. 우리 반에 김유현이라는 학생이 있었는데, 평등마을과 자유마을에서 2주 연속 파산했어요. 가난한 사람의 마음을 가장 잘 이해한 학생이었을 거예요. 아이들과 토론을 할 때 부자였던 장성주란 아이가 "나는 땅을 많이 사서 부자가 된 것이 보람 있었고 재밌었다." 하고 발표했어요. 그런데 유현이가 옆에서 듣다 갑자기 일어나서 교실을 나가버리는 거예요. 정말 화가 나고 속상했던 것이죠. 유현이를 데리고 온 뒤에 그 상황을 두고 아이들과 많은 이야기를 나눴어요. 생각보다 많은 아이가 유현이 마음에 공감을 표했어요. 유현이는 나중에 공정마을에서 파산의 아픔을 딛고 반찬가게로 창업해서 성공했어요.
　마을활동을 통해서 저는 우리가 교과에서 가르치고자 하는 마음들을 정말로 가르칠 수 있었어요. 교사가 만든 모의 사회를 통해 다른 사람을 배려하고 존중하는 태도를 가르칠 수 있었어요. 아이들이 스스로 깨닫는 걸 보는 게 좋았어요. 선생님들도 해보시면 좋겠습니다.

이화남 선생님

3부
마을법률을 알면 다 안다

1.
마을활동의 구조

3가지 경제 시스템의 운영

학생들은 평등마을, 자유마을, 공정마을을 경험합니다. 이 3가지 경제 시스템은 마을활동의 3가지 경제 요소인 토지, 임금, 세금을 통해 구현됩니다. 경제 요소를 각 시스템별로 다르게 적용하여 순서대로 운영합니다.

토지는 학생들이 앉는 자리를 말합니다.

학생들은 수업활동과 직업활동을 통해 **임금**(마을화폐)을 받습니다.

자신이 벌어들인 임금에 대한 **세금**을 냅니다.

단, 공정마을의 세금은 앞의 두 시스템과는 다른 특징이 있습니다.

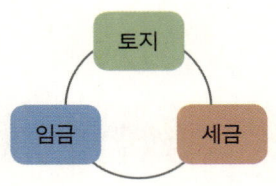

마을활동의 3가지 경제 요소

i. 평등마을

가장 먼저 학생들이 경험하는 경제 시스템입니다. 이 경제 시스템을 가장 앞에 두는 것은 가장 운영하기 쉽기 때문입니다. 다른 경제 시스템에 비해 운영 방법이 단순해서 마을활동의 기본 운영 방식을 익히기에 좋습니다.

평등마을의 토지, 임금, 세금

토지	토지는 무상으로 지급합니다. 네 땅, 내 땅의 개념이 없습니다. 즉, 모든 학생이 토지를 공유하는 것과 같습니다. 대신 선생님이 지정해주는 자리에 앉습니다.
임금	모든 학생은 하나의 직업을 갖고, 같은 임금을 받습니다. 슈퍼마켓에서 과자를 파는 학생도 다른 학생과 똑같은 임금을 받습니다. '판매 역할만' 하는 것입니다.
세금	수입이 동일하니 세금도 동일합니다.

ii. 자유마을

다소 복잡하게 운영되며 매우 활발한 경제활동이 일어납니다. 빈부의 격차가 크게 벌어집니다. 교사는 빈부 격차를 의도적으로 부추깁니다.

자유마을의 토지, 임금, 세금

토지	토지는 전적으로 개인의 것이 되고 토지별로 가격도 다릅니다. 토지를 팔 수도 있는데, 토지를 판 것에 대한 세금은 없습니다. 자기가 원하는 자리를 구매하여 앉을 수 있습니다.*

임금	직업을 여러 개 가질 수 있고, 임금도 직업별로 다릅니다. 일한 만큼 벌어들이지만 그만큼 피곤하기도 합니다
세금	수입에 따라 세금을 냅니다.

iii. 공정마을

자유마을과 거의 차이가 없지만, 임금에서 세금을 걷지 않고 토지에서만 세금을 걷는다는 점, 두 개의 직업만 가질 수 있는 점, 가난한 학생들에게 긴급한 자금을 빌려주는 은행이 있다는 점이 다릅니다.

학생들은 경제 시스템에서 3가지 경제 요소의 차이가 어떻게 구현되는지를 관찰하고 체험합니다. 이를 통해 학생들은 자신이 겪은 경험을 바탕으로 각 경제 시스템의 장단점을 이해하게 합니다.

공정마을의 토지, 임금, 세금

토지	자기가 원하는 토지를 구매하여 앉을 수 있습니다. 그러나 토지를 자기 마음대로 팔 수 없습니다. 토지로 인한 소득 자체가 없어지는 것입니다.
임금	직업별로 임금이 다릅니다.
세금	임금에서 세금을 걷지 않고 매일 토지에서만 세금을 걷습니다.

• 자유마을에서 토지 구매는 교사가 합니다. 교사는 의도적으로 교실 안에서 토지 불로소득이 발생하도록 조장하여 토지 불로소득이 마을의 경제활동에 미치는 영향을 체감하게 합니다.

2.
마을법률

마을활동의 운영은 마을법률을 통해 이루어집니다. 학생들에게 마을활동에 대해서 설명할 때 마을법률을 나누어주고 설명하면 됩니다. 마을법률은 교실 상황, 교사의 가치판단에 따라 재구성할 수 있습니다. 하지만 수정하여 운영할 때에도 마을활동의 목적을 잊지 말아야 합니다.

마을법률은 단순하고 효율적으로 구성하였습니다. 이러저러한 경우를 예방하고 감시하기 위해 복잡한 법을 만들지 않았습니다. 학생들에게 정직을 강조하고 스스로 잘 지키도록 가르칩니다. 감사원 직업이 있어서 간접적인 감시 역할을 할 수 있습니다.

마을법률은 헌법, 기본법, 경제법, 규정으로 구성되어 있습니다.

헌법

마을법률에서 헌법은 마을활동의 가치와 목적을 다루는 매우 중요한 부분입니다. 학생들과 함께 소리 내어 읽고 학생들이 잘 볼 수 있는 곳에 게시하여 두거나 마을헌법을 암송하도록 과제를 내주는 것도 좋습니다. 암송대회를 열어서 상을 주는 것도 좋은 방법입니다.

기본법

기본법에서는 마을 운영의 기본 원리와 학생들의 역할, 의무, 권한을 설명합니다. 임금, 세금, 토지, 지출, 파산, 교사의 역할과 권한 등 실질적인 운영 방식을 다룹니다.

경제법

각 경제 시스템의 토지, 임금, 세금 운영 원리는 다음과 같습니다.

i. 평등마을의 토지, 임금, 세금

평등마을에서 토지는 공공의 것입니다. 모든 학생은 주어진 토지를 사용하기 때문에 똑같은 토지세를 냅니다. 또한 똑같이 분배받은 임금에 대한 세금 또한 똑같은 비율로 냅니다.

ii. 자유마을의 토지, 임금, 세금

자유마을에서는 토지를 경매로 구매하며, 구매한 뒤 판매도 할 수 있습니다.

토지를 파는 학생에게 불로소득이 발생합니다. 토지세를 부과하지 않기 때문에 빈부 격차는 더욱 커집니다. 희망에 따라 직업을 정합니다. 학생마다 벌어들이는 소득이 달라집니다. 벌어들이는 수입에 따라 내는 세금도 달라집니다.

iii. 공정마을의 토지, 임금, 세금

공정마을을 시작하면서 최초 토지 선택권 경매를 할 때, 토지 가격의 10%를 매일 토지 이용료(토지세)로 내야 한다는 사실을 학생들에게 인지시킵니다. 그러면 학생들은 스스로 무리하게 경매 가격을 올리지 않습니다. 토지 가격이 자유마을에 비해 안정되는 현상을 보입니다.* 공정마을에서는 토지 불로소득을 허용하지 않습니다. 자유마을과 대조되는 지점입니다. 공정마을에서는 사업이나 임금에 세금을 매기지 않습니다. 생산활동을 장려하기 위함입니다.

규정
상금과 벌금, 직업의 상세한 운영 방식을 설명합니다.

i. 공통 규정
모든 경제 시스템에서 통용되는 규정입니다.

ii. 경제 시스템별 규정
경제 시스템별로 규정이 조금씩 달라집니다.

---

* 이 점을 경제 수업에서 짚어주어야 합니다. 토지에 세금을 매기면 토지 가격이 안정된다는 것을 말입니다. 자유마을에서는 토지에 세금을 매기지 않기 때문에 토지 경매 가격이 매우 높게 책정되는 경향이 있습니다.

3. 마을법률 해설

> Ⅰ. 마을헌법
>
> Ⅱ. 기본법
>   1. 경제 운영
>   2. 경제 시스템
>
> Ⅲ. 규정
>   1. 상금
>   2. 벌금
>   3. 경제 시스템별 규정
>   4. 직업 규정

Ⅰ. 마을헌법

1. 우리는 마을활동을 통해 배움을 일군다.
2. 우리는 마을활동을 하는 동안 마을법률을 철저히 지킨다.
3. 우리는 마을활동을 하는 동안 선생님의 지도에 따른다. 선생님은 모든 상황에서 최종 결정을 한다.
4. 마을활동을 하는 기간은 ○월 ○일부터 ○월 ○일까지이다.
5. 우리는 평등마을, 자유마을, 공정마을을 경험한다.
6. 우리 학급의 이름은 ○○마을이다.
7. 우리는 마을의 경제활동에 참여할 수 있는 권리와 마을법률을 지켜야 할 의무가 있다.

마을헌법

헌법에서는 마을활동의 가치와 목적을 설명합니다. 교사는 헌법을 통해 마을활동을 하는 이유가 '배우기 위한 것'임을 강조합니다. 마을활동 자체가 활기차고 재미있어서 학생들이 배우기 위해 마을활동을 한다는 것을 종종 잊어버리기 때문입니다.

헌법에 제시한 바와 같이 마을활동에서 교사의 권한은 절대적입니다. 교사는 마을활동을 중지할 수도 있고 모든 상황에서 최종 결정을 내릴 수 있습니다. 학생들의 자리를 바꾸거나 기본법을 뛰어넘는 결정을 할 권한을 갖습니다.

헌법에 명시하는 마을 이름은 교사가 정하거나 학생들과 함께 정합니다. 이름 공모전을 해도 좋습니다. (마을이름의 예:한숲 마을, 행복 마을, 좋은 마을, 빛누리 마을, 참된 마을, 기쁨 마을, 즐거운 마을 따위.) 이름을 정하는 중대한 일을 학생들에게 맡길 때는 교사에게 최종 권한이 있다는 점을 강조해주는 것이 좋습니다. 전혀 엉뚱한 이름을 결정하면 처음부터 분위기가 살지 않을 수도 있으니까요.

II. 기본법

1. 경제 운영

마을화폐
1) 마을통장에 마을화폐 금액을 기록한다.
2) 기록된 금액으로 경제활동을 한다.
3) 마을화폐의 단위는 '냥'이다.
4) 학생들끼리 마을화폐를 주고받을 수는 없다.

마을화폐

학생들이 마을통장을 잃어버렸을 때는 용돈 기입장을 새로 마련하게 하고 마지막으로 기록한 마을화폐 금액이 얼마냐고 물어봅니다. 이때 학생들이 이야기 하는 대로 믿어주는 것이 좋습니다. 잘 기억이 나지 않는다고 하면 감사(통장을 검사하는 직업)의 장부를 토대로 대략적인 금액을 적어주어도 좋습니다.

마을통장을 가져오지 못한 날은 어떤 경제활동도 할 수 없습니다. 하지만 임금이나 수업수당은 다음 날 받도록 해도 좋습니다.

마을화폐의 단위(냥)도 다른 단위로 정할 수 있습니다(예:100땀, 100꿀 따위).

학생끼리 마을화폐를 주고받게 하지 않습니다. 무분별하게 마을화폐를 주고받게 하면 경제 시스템 자체가 흔들릴 수 있습니다. 하지만 다른 학생을 고용할 계획으로 창업 신청서를 내는 경우에는 학생들끼리 마을화폐를 주고받을 수 있습니다.

임금
1) 학생들은 수업수당, 직업활동, 상금으로 임금을 받는다.
2) 임금은 임금담당 학생에게 받는다.
3) 마을통장에 자신이 받을 임금을 기록하고 임금 담당 학생에게 가서 서명을 받는다.
4) 평등마을, 자유마을, 공정마을마다 임금의 액수와 임금을 얻는 방식이 다르다.

세금
1) 학생들은 세금을 낸다.
2) 세금은 임금과 토지에서 걷는다.
3) 평등마을, 자유마을, 공정마을마다 세금을 걷는 방식이 다르다.

임금

학생은 규정에 따라 수업수당(수업 참여), 직업수당(직업활동), 상금(상점)으로 임금을 받습니다. 이때 마을통장의 기록은 본인이 합니다. 담당 학생에게 기록하게 하면 시간도 많이 걸리고 여러 가지로 불편합니다. 담당 학생은 마을통장에 확인 서명을 하고 장부에 지급 내역을 기록합니다.

세금

마을활동은 세금 교육을 할 때도 매우 유용합니다. 세금을 걷는 방식은 빈부 격차의 문제, 분배 문제의 핵심입니다. 어디에서 얼마만큼의 세금을 걷느냐, 어디에 얼마만큼 세금을 쓰느냐에 따라 그 사회의 모습과 분위기, 가치관이 달라지는 것을 볼 수 있습니다. 교사는 학생들이 내야 하는 하루 생활비를 면제해 주거나 학생들이 필요한 학습 준비물을 분배하는 모습을 통해 모두를 위해 세금을 어떻게 사용하는지 보여줄 수 있습니다.

토지

1) 토지는 학생들이 앉는 자리를 의미한다.
2) 평등마을, 자유마을, 공정마을은 저마다 다른 토지제도를 운영한다.

지출

1) 마을화폐로 세금을 낸다.
2) 마을화폐를 주고 물품이나 서비스를 받을 수 있다.
3) 마을 규정을 어겼을 때 마을화폐로 벌금을 낸다.
4) 마을화폐로 생활비를 지출한다.

은행

1) 은행은 공정마을에만 있다.
2) 은행은 대출만 해준다.
3) 대출은 500냥까지 가능하다.

토지

자유마을에서는 토지를 팔아 마을화폐를 벌어들일 수 있습니다. 하지만 반드시 다른 토지를 임대할 수밖에 없어서(어딘가에 앉아서 수업을 해야 하니까요) 임대료를 토지 소유자에게 날마다 지불해야 하는 불편과 어려움을 겪게 됩니다.

지출

학생들은 마을화폐로 생활비를 내고, 물품이나 서비스를 구입하고, 벌금을 냅니다. 생활비는 사람이 살아가는 데 반드시 지출해야 하는 필수 비용을 말합니다. 실제 마을활동에서 쓰이는 바는 없습니다. 생활비는 모두가 동일하게 지출합니다.

은행

은행은 공정마을에만 있는 일종의 사회안전망입니다. 파산하는 학생을 줄이기 위한 장치입니다. 하지만 공정마을에서는 은행에 도움을 요청할 만큼 경제적으로 어려운 학생이 거의 생기지 않습니다. 은행 운영을 단순하게 하기 위해 예금과 이자를 주는 일은 하지 않고 대출만 해줍니다.

파산

1) 생활비나 세금, 벌금 등을 지불할 수 없을 때 파산을 선고받는다.
2) 파산 선고는 선생님의 판단에 따른다.
3) 파산한 학생은 마을통장을 선생님께 반납하고 어떤 경제활동에도 참여할 수 없다.

파산

생활비, 세금, 벌금을 지불할 수 없는 학생은 파산을 당합니다. 교사는 모든 학생 앞에서 한 학생의 파산을 선고합니다. 냉정하면서도 유머러스한 태도가 필요합니다. 파산을 맞은 학생이 우울해하거나 힘들어할 수 있으니 곧 새로운 마을활동이 시작되면 다시 출발할 수 있다는 말로 위로합니다.

자유마을에서는 자신의 토지를 팔아 파산을 막을 수 있습니다. 하지만 그럼에도 불구하고 자유마을에서 파산을 선고받는 학생이 많습니다.

마을활동은 이상적인 경제 시스템을 만들어서 모든 학생에게 유쾌한 경험만 주려고 하지 않습니다. 각 마을의 장점과 단점을 고루 경험하게 합니다. 마을활동에서는 파산하는 학생들도 교육적으로 중요합니다.

선생님의 역할

1) 평등마을에서 선생님은 '마을 운영자'의 역할을 한다.

2) 자유마을에서 선생님은 '대지주'의 역할을 한다.

3) 공정마을에서 선생님은 '은행'의 역할을 한다.

선생님의 역할과 권한

각 시스템마다 교사가 하는 역할이 다릅니다. 평등마을에서 교사는 마을활동에 대해 학생들에게 가르쳐주는 역할을 합니다. 자유마을에서 교사는 무궁무진한 부를 축적한 거대 지주가 됩니다. 교사는 땅을 사들이는 것을 좋아하며 가급적이면 많은 땅을 사들이기 위해 학생들을 충동질합니다. 이 과정에서 학생들은 자신의 토지를 교사에게 팔아 엄청난 불로소득을 누리기도 하고, 자신의 토지를 판 탓에 매일 고액의 토지 임대료에 시달릴 수도 있습니다. 너무 일찍 토지를 팔면 자유마을이 끝날 때까지 날마다 임대료를 내느라 경제적으로 어려움을 겪기도 합니다. 토지 매각을 통해 얻은 많은 마을화폐로 문구점이나 슈퍼마켓의 물품을 독점하여 높은 가격에 되파는 학생들도 있는데, 자유마을에서는 이것조차 크게 간섭하지 않고 학생들이 이를 주목하게 합니다.

공정마을에서 교사는 가난한 사람에게 대출을 해주는 은행 역할을 합니다. 생활비, 세금, 벌금 낼 마을화폐가 없어서 파산 위기에 몰린 학생들을 구제하기 위해 무이자 대출을 해줍니다. 사고 싶은 물건이 있어서 대출을 하고 싶어 하는 학생들이 있을 수도 있습니다. 이때도 크게 간섭하지 않고 대출을 해줍니다.

2. 경제 시스템

마을활동 순서

1) 마을활동 순서는 다음과 같다.
   ① 평등과 분배를 중요하게 생각하는 평등마을
   ② 자유와 이윤을 중요하게 생각하는 자유마을
   ③ 자유와 평등을 중요하게 생각하는 공정마을
2) 평등마을에서 자유마을로 넘어갈 때는 평등마을에서 벌어들인 마을화폐를 그대로 이어받는다.
3) 자유마을에서 공정마을로 넘어갈 때는 마을화폐가 많은 순서대로 순위를 정하고 높은 순위의 학생에게는 마을화폐를 많이 지급하고 낮은 순위의 학생들에게는 마을화폐를 적게 지급한다. 〈마을화폐 지급 기준표〉에 따라 마을화폐를 지급한다.
4) 각 경제 시스템을 새로 적용할 때마다 직업 배정과 자리 배치를 새로 한다.

마을활동 순서

평등마을이 끝나고 나면 빈부의 격차가 약간 벌어집니다. 마을화폐가 없어 파산하는 학생이 있는가 하면, 소비를 줄이고 상금을 모아 제법 부유한 학생도 있습니다. 빈부의 차이가 있는 이 상태 그대로 자유마을을 시작합니다.

자유마을이 끝날 무렵에는 빈부의 격차가 더욱 심하게 벌어집니다. 파산을 맞은 학생이 더 많이 생길 수 있습니다. 파산을 맞지 않더라도 날마다 내야 하는 높은 생활비에 경제적 어려움을 겪은 학생들도 적잖습니다.

학생들의 재산을 조정하지 않으면 다음 순서인 공정마을을 진행할 수 없을 지경이 되는 게 일반적입니다. 마을화폐를 많이 모은 순서대로 마을화폐를 다시 지급합니다. 마을화폐 지급은 '규정'에 있는 〈마을화폐 지급 기준표〉 대로 합니다.

자유마을을 시작하기 전에, '공정마을을 시작하기 전에 재산을 조정한다'는 점을 미리 알려줍니다. 이유도 설명해줍니다. 설명을 해주어도 막상 통장에 쌓인 자기 재산이 한순간에 사라지는 것을 확인하면 학생들은 상당한 허탈감을 느끼곤 합니다. 마을활동에 흥미를 잃어버리지 않도록 마을활동의 의미와 목적을 평소 수업에도 이따금씩 환기시키는 것이 좋습니다.

평등마을

토지	임금	세금
1. 토지는 모두에게 동등하게 주어진다. 2. 학생들의 자리는 선생님이 정한다.	1. 마을활동 첫날 동일한 임금을 지급 받는다. 2. 모든 학생은 매일 동일한 수업수당을 받는다.	1. 마을활동 첫날 임금의 20%를 소득세로 낸다. 2. 매일 수업수당의 20%를 소득세로 낸다.

평등마을

평등마을에서 토지는 마을의 것입니다. 개인이 토지를 소유하고 매매하여 수익을 얻을 수 없습니다. 학생들은 토지를 선생님으로부터 분배받습니다. 자리 배정은 선생님의 판단에 따라 이루어집니다.

평등마을에서는 직업활동에 대한 임금과 수업수당(수업을 학생의 노동으로 보아 지급하는 임금)이 모든 학생에게 동일합니다. 하지만 학습활동에 대한 상금, 벌금, 소비 등으로 인한 지출과 수입에서 차이가 나타나기 때문에 며칠 뒤에는 학생들의 경제 상태가 각각 달라집니다.

평등마을에서 소득세(임금과 수업수당의 20%)를 세금으로 걷습니다. 평등마을에서는 세금의 비율이 높다는 점을 강조합니다. 평등마을 기간 중에 한두 번 정도 세금으로 구입했다며 사탕을 일괄 분배하면 좋습니다. 자유마을과 공정마을에서도 세금으로 마련했다며 어떤 경제적 혜택을 줄 수 있습니다. (거둬들인 세금을 정확하게 계산하지는 않습니다. 계산할 수 있겠으나 굳이 할 필요는 없습니다.)

자유마을

토지	임금	세금
1. 토지(자리)는 경매로 정한다. 토지별로 토지 가격이 다르다. 2. 다른 학생이나 선생님에게 토지를 판매할 수 있다. 3. 자기 소유의 토지가 없는 사람은 여러 토지를 소유한 친구나 선생님에게 임대료를 주고 토지를 빌린다. 4. 임대료는 토지 경매 가격의 20%다. 토지를 임대한 사람은 매일 토지 주인에게 토지 임대료를 낸다. 5. 임대료를 지불할 수 없는 학생은 파산한다.	1. 자유마을을 시작하기 전, 학생들의 수업수당을 조정한다. 상점과 시험 합산 성적 등을 조정 기준으로 삼을 수 있다. 2. 공무원*은 자유마을 첫날 정해진 임금을 받는다. 사업자는 벌어들인 돈을 모두 갖는다. 3. 창업 신고서와 창업비(500냥)를 내면 창업을 할 수 있다. 다른 학생을 고용하는 것이 가능하다. 고용한 근로자와 사업으로 벌어들인 소득을 나눌 수 있다. 4. 사업자는 자신의 집에서 물건을 갖고 와서 판매할 수 있다.	1. 토지에 대한 세금은 없다. 2. 벌어들인 소득(임금, 사업 수익, 수업수당)의 10%를 세금으로 낸다.

* 임금 담당, 세금 담당, 생활비 담당 등 마을 전체를 위해 일하는 학생을 말합니다.

자유마을

자유마을에서는 토지를 사고 팔 수 있습니다. 학생이 원하는 자리를 살 수 있어 친한 학생끼리 앉게 되고, 자리 이동이 종종 일어날 수 있습니다. 그러다 보면 교실이 다소 소란할 수도 있습니다. 교사는 의도적으로 학생들의 토지를 사서 불로소득을 학생들에게 안겨줍니다. 불로소득으로 빈부 격차를 일으키는 것입니다.

수업수당 배정에 대한 내용은 '규정'에 자세히 설명했습니다. 수업수당을 배정하기 위해 지필 시험을 볼 수도 있습니다. 등수가 높은 학생들은 매일 많은 수업수당을 받고, 등수가 낮은 학생들은 적은 수업수당을 받습니다. 수업수당과 임금에서 학생들 사이에 격차가 벌어집니다. 이로 인해 학생들 사이에 위화감이 생깁니다. 겉으로 내색하지 않아도 내심 속상해하는 학생들이 생깁니다.

자유마을에서 직업은 경매로 취득합니다. 창업 신고서와 창업비용을 내면 새로운 직업을 만들어 활동할 수도 있습니다. 의욕이 넘치는 학생은 여러 가지 직업활동으로 많은 수익을 얻습니다. 반면 직업을 선택하지 않거나 직업활동에 열심히 임하지 않는 학생들은 경제적으로 어려움을 겪습니다.

직업활동을 하지 않으려는 학생이 소수라면 직업을 배정하지 않아도 무방하지만, 직업활동을 하지 않으려는 학생이 다수일 경우에는 반드시 직업활동을 하나씩 하도록 해야 합니다. 특별히 하고 싶은 직업이 없다면 구역을 지정하여 청소 관리를 하도록 하고 임금을 주면 됩니다.

공정마을

토지	임금	세금
1. 학생은 토지 선택권을 경매로 구입하여 자리를 자유롭게 선택할 수 있다. 2. 토지 선택권이란 자기가 원하는 자리를 먼저 선택할 수 있는 권리를 말한다.	1. 공정마을을 시작하기 전, 학생들의 수업수당을 조정한다. 상점과 시험 합산 성적 등을 조정 기준으로 삼을 수 있다. 2. 공무원의 임금은 직업별로 조금씩 차이가 있으며 사업자는 자신이 일하여 벌어들인 것을 자신의 임금으로 삼는다. 3. 창업 신고서와 창업비(500냥)를 내면 창업을 할 수 있다. 다른 학생을 고용하는 것이 가능하다. 고용한 근로자와 사업으로 벌어들인 소득을 나눌 수 있다.	1. 토지 이용료 외에는 다른 세금이 없다. 2. 토지세는 최초 토지 선택권 구입 비용과 매일 내는 토지 이용료다. 3. 매일 토지 선택권 구입 가격의 10%를 토지 이용료로 낸다.

공정마을

최초 토지 경매를 할 때, 토지 가격의 10%를 매일 토지 이용료(토지세)로 내야 한다고 학생들에게 알려줍니다. 비싼 토지를 차지하면 토지 이용료를 많이 내야 합니다. 토지를 이용한 만큼 이용료를 지불합니다. 공정마을에서는 토지를 판매할 수 없습니다. 이는 자유마을과 대조되는 장면입니다.

수업수당을 절대 평가로 산정합니다. 예를 들어 90점 이상은 모두 높은 수업수당을 받고, 40점 이하는 모두 낮은 수업수당을 주는 방식입니다. (규정 참고.) 학생들이 자유마을보다 높은 수업수당을 받도록 합니다. 수업수당을 배정하기 위해 지필 시험을 볼 수도 있지만, 가능하면 그동안 받은 상금으로 배정하는 것이 좋습니다.

공정마을에는 소득세가 없고, 토지세만 냅니다. 지대조세제를 흉내 낸 것입니다.

우리 현실도 이런 방식으로 세금을 부과하면 생산활동은 왕성해지고 토지 가격은 안정될 수 있습니다. 우리나라에도 토지를 공공의 것으로 생각하는 법률과 제도가 있습니다. 토지초과이득세법, 택지 소유 상한제, 개발 이익 환수제, 노무현 정부 당시의 종합부동산세가 그것입니다. 다른 나라에도 이와 같은 사례가 있습니다. 1950년대 중반, 덴마크에서는 지대조세제를 주장하는 정당이 집권하면서 늪에 빠져 있던 덴마크 경제가 눈부시게 회생한 적도 있습니다.

직업 선택

평등마을	자유마을	공정마을
1. 평등마을에서는 모든 학생이 선생님이 정한 '하나'의 직업활동만 할 수 있다. 2. 평등마을에서의 직업 선택은 학생들의 희망을 1순위로 하되 하나의 직업에 둘 이상의 학생이 지원할 경우 가위바위보로 직업을 배정한다.	1. 자유마을에서는 한 학생이 여러 개의 직업 활동을 할 수 있으며 선생님께 허락을 받고 새로운 직업을 만들어 활동할 수도 있다. 2. 자유마을에서는 직업을 얻기 위해 각 직업에 선생님이 매긴 마을화폐를 지불해야 한다. 3. 자유마을에서의 직업 선택은 학생들의 희망을 1순위로 하되 하나의 직업에 둘 이상의 학생이 지원할 경우, 경매를 하여 더 많은 마을화폐를 지출한 학생에게 그 직업을 배정한다.	1. 공정마을에서는 직업 선택과 결정, 운영은 자유마을과 동일하다. 단, 공정마을에서는 두 개의 직업은 가질 수 있다. 2. 공정마을에서는 창업하는 학생들에게 선생님이 임금을 지급할 수 있다. 창업 전에 선생님의 허락을 받아야 한다. 사업자로 창업할 수도 있고 임금을 받는 창업을 할 수도 있다.

직업 선택

평등마을에서는 모든 학생에게 지급하는 직업수당(임금)이 똑같습니다. 이를 공정하지 않다고 느끼는 학생들이 생기기도 합니다. 자연스러운 반응이므로 특별히 나무라지 말고 평등마을의 당연한 모습으로 가르치면 됩니다.

자유마을에서는 공무원 직업을 경매로 배정합니다. 하지만 슈퍼마켓, 문구점 등 사업 성격을 지닌 직업은 몇 명이 신청하든 모두 직업활동을 할 수 있게 열어줍니다.

마을활동을 좋아하지 않는 학생들이 생길 수도 있습니다. 하지만 마을활동을 하는 목적은 법률에서 밝혔듯 배우기 위한 것입니다. 수업이고 교육과정입니다. 학생들은 마을활동에 성실히 참여해야 할 의무가 있습니다. 만약 마을활동에 지나치게 불성실한 태도로 임하는 학생들이 있다면 단호한 태도로 참여를 요구해야 합니다.

Ⅲ. 규정

1. 상금*

학습 결과물에 대한 상점(도장의 개수)과 상금

도장의 개수	상금
5	200냥
4	150냥
3	100냥
2	50냥
1	0냥

2. 벌금*

내용	벌금
지각 5분 이내	50냥
지각 5분 이후	100냥
과제, 준비물 미비 등 학습 준비 태만	50~100냥
수업 방해 등	50~100냥
장부, 통장 기입 실수	100냥
마을화폐와 관련된 거짓말	2000냥

선생님의 판단에 따라 상금과 벌금을 부여할 수 있다.

• 상금과 벌금에 대한 규정은 모든 시스템에 공통으로 적용된다.

공통 규정

모든 경제 시스템에 통용하는 규정입니다.

학생들은 학습결과에 따라 상점을 받습니다. 벌금으로 벌을 주는 일이 다소 약하게 느낄 수 있지만 꼭 그렇지만도 않습니다. 학생들이 마을화폐를 매우 소중하게 생각하기 때문입니다.

많은 학생이 비슷한 상금을 받지만 꾸준히 성실한 학생은 결국 다른 학생들보다 많은 상금을 받게 됩니다. 반대로 불성실하거나 반짝 성실한 학생은 시간이 지나면 다른 학생들보다 월등히 적은 상금을 받습니다. 벌금도 쌓이면 경제활동에 적잖은 부담이 됩니다.

3. 경제 시스템별 규정

1) 평등마을의 규정

① 임금

	금액	비고
직업활동	2000냥	평등마을 첫날 지급
수업수당	500냥	매일
상금		수시 지급

② 세금

모든 학생에게 임금(직업활동, 수업수당)의 20%를 부여한다. 상금에 대해서는 세금을 부여하지 않는다. 평등마을을 시작하는 날 직업활동 세금을 낸다. 수업수당 세금은 매일 낸다.

③ 토지

토지세를 매일 세금담당에게 납부한다.

내용	금액
토지(자리)	100냥

④ 생활비 : 매일 100냥

생활비를 매일 생활비 담당에게 납부한다.

평등마을의 규정

평등마을의 규정은 비교적 단순합니다.

학생들은 첫날 마을화폐를 지급받습니다.

임금을 미리 줍니다. 학생들에게 쓸 돈이 있어야 마을 경제가 돌아가니까요.

처음에는 교사와 함께 마을통장 기록을 하는 것이 좋습니다. 마을통장 사용법을 알려주는 것입니다.

첫날, 통장을 다 함께 펴놓고,

"자, 임금. 모두 똑같이 2000냥!"

하면 아이들이 무척 좋아합니다.

"자, 수업수당. 모두 똑같이 500냥!"

통장에 500냥을 적으며 다들 좋아라 합니다. 그러다가,

"자, 토지세 100냥! 생활비 100냥!"

이러면 갑자기 분위기가 가라앉습니다. 생활비 담당 학생, 세금 담당 학생, 임금 담당 학생이 누구인지 알려주고 담당 학생에게 서명을 받으러 가게 합니다. 순식간에 교실에 활기가 차는 것을 볼 수 있습니다.

2) 자유마을의 규정

① 임금

임금 내용	금액	비고
직업활동(공무원)	규정에 따라	자유마을 첫날 지급
직업활동(사업자)	수입에 따라	벌어들이는 대로 장부에 기입한 뒤 합산하여 개인 통장에 기록
수업수당	차등 지급	매일 지급
상금		수시 지급

수업수당 지급표

평등마을 상금 누계	수업수당
1등~3등	1000냥
4등~6등	800냥
7등~9등	700냥
10등~12등	600냥
13등~15등	500냥
16등~19등	400냥
20등~	300냥

② 세금

모든 학생에게 임금, 수입의 10%를 부여한다. (상금 제외)

공무원은 첫 날, 사업자는 매일 전날 번 수입에 대한 세금을 낸다.

③ 생활비: 매일 300냥

생활비를 매일 생활비 담당에게 납부한다.

자유마을의 규정

자유마을에서는 수업수당이 학생마다 다릅니다. 소득 격차를 발생시키기 위함입니다. 평등마을을 운영할 때 받은 개개인의 상점이나 상금을 수당 배정 기준으로 사용할 수도 있고, 시험을 봐서 등수대로 수업수당을 배정할 수도 있습니다. 수업수당 격차에서 학생들은 다소 긴장하는 모습을 비칩니다. 비정한 느낌이 들지만, 자유마을의 특징이니 그대로 진행합니다.

학생들마다 수업수당이 달라서 수업수당을 주는 학생이 헷갈릴 수 있습니다. 그러니 자유마을을 시작하면서 마을통장이나 임금 장부에 배정받은 수업수당을 써놓게 하는 것이 좋습니다.

사업자들의 수익을 장부에도 기입하고 개인 마을통장에도 기입하게 하는 것은 허위로 기재하는 것을 막기 위한 일종의 안전장치입니다. 마을활동에는 경제활동의 안전장치로 '감사' 직업이 있습니다.

자유마을의 생활비를 평등마을보다 높게 책정합니다. 열심히 일하지 않으면 생활비를 감당하기 어렵게 만듭니다. 수업수당을 낮게 배정받은 학생들은 특별히 열심히 일하거나 토지를 팔지 않는 이상 경제적인 어려움을 맞게 됩니다. 토지를 팔아서 문제를 해결할 수 있으나 팔아도 문제입니다. 매일 토지 임대료를 지불하며 살아야 합니다. 자기 땅이 없다는 데서 학생들은 박탈감 같은 것을 느낍니다.

④ 경매 시작 가격과 토지 가격

```
토지 경매 방법
1. 교사가 첫 번째 자리의 경매 시작 가격을 부른다.(교사가 토지
   경매를 진행한다.)
2. 자리를 원하는 학생은 50냥 단위로 가격을 높여 부른다.
3. 제일 높은 가격을 부르는 사람이 토지를 살 수 있다.
```

교탁

경매 시작 가격 1000냥 / 토지 가격 10,000냥		경매 시작 가격 800냥 / 토지 가격 8000냥
경매 시작 가격 900냥 / 토지 가격 8000냥		경매 시작 가격 700냥 / 토지 가격 7000냥
경매 시작 가격 600냥 / 토지 가격 6000냥		경매 시작 가격 400냥 / 토지 가격 4000냥
경매 시작 가격 500냥 / 토지 가격 5000냥		경매 시작 가격 300냥 / 토지 가격 3000냥

| 경매 시작 가격 200냥 / 토지 가격 2000냥 | 경매 시작 가격 100냥 / 토지 가격 1000냥 | 경매 시작 가격 100냥 / 토지 가격 1000냥 | 경매 시작 가격 100냥 / 토지 가격 1000냥 | 경매 시작 가격 200냥 / 토지 가격 2000냥 |

경매 시작

> 경매 시작 가격
> 1000냥
> 토지 가격
> 10,000냥

토지 가격표가 조금 복잡해 보이지만 내용은 간단합니다.

이 토지에 앉기를 원하는 학생들은 1000냥이 있어야 경매에 참여할 수 있습니다. 1000냥부터 경매를 시작하며 더 높은 금액을 제시한 학생이 이 토지를 차지합니다. 경매 낙찰 금액이 얼마든 토지 가격은 10,000냥입니다.

토지 임대료는 토지 가격의 10%입니다. 경매 시작 가격과 같은 금액입니다. 만약 이 토지를 임대해서 3일을 사용하면 3000냥을 토지 주인에게 지불하게 됩니다.

> 경매 시작 가격   경매 시작 가격
> 1000냥   100냥
> 토지 가격   토지 가격
> 10,000냥   1000냥

만약 어떤 학생이 이 두 토지를 구입했다면, 이 학생은 1000냥짜리 토지에 앉고 10,000냥짜리 토지를 팔아치울 수 있습니다. 순식간에 10,000냥이라는 어마어마한 돈을 벌게 되는 것입니다.

마을화폐가 모자라서 자기 토지를 구입하지 못하는 학생이 발생할 수 있습니다. 이때 교사는 토지를 구입한 학생이 너무 속상해하지 않도록 위로합니다. 그리고 두 개 이상의 토지를 구입한 학생으로부터 임대를 받을 수 있도록 중개 역할을 합니다. "지상아, 주희가 자기 자리가 없으니까 임대료를 받고 토지를 빌려주지 않을래?" 하는 식으로 말입니다. 그래도 사정이 여의치 않다면 교사가 남는 토지를 비싼 가격에 구입하고 토지가 없는 학생에게 임대합니다. 다른 곳에서 남는 책상과 의자를 가져오는 방법도 있습니다.

3) 공정마을의 규정

① 임금

임금 내용	금액	비고
직업활동(공무원)	규정에 따라	공정마을 첫날 지급
직업활동(사업자)	수입에 따라	벌어들이는 대로 장부에 기입한 후, 합산하여 개인 통장에 기록
수업수당	차등 지급	매일 지급
상금		수시 지급

수업수당 지급표(선생님의 판단에 따라 상금누계 기준을 변경할 수 있음)

자유마을 상금 누계	수업수당
2000냥 초과	1200냥
1500냥 이상 2000냥 미만	1100냥
1000냥 이상 1500냥 미만	1000냥
700냥 이상 1000냥 미만	900냥
700냥 미만	800냥

마을화폐 지급 기준표

순위	마을화폐	순위	마을화폐	순위	마을화폐
1	1500냥	8	1150냥	15	800냥
2	1450냥	9	1100냥	16	750냥
3	1400냥	10	1050냥	17	700냥
4	1350냥	11	1000냥	18	650냥
5	1300냥	12	950냥	19	600냥
6	1250냥	13	900냥	20	550냥
7	1200냥	14	850냥	21~30	500냥

임금

공정마을을 시작하기 전, 자유마을에서 벌어들인 마을화폐의 양에 따라 순위를 매기고, 이 순위에 따라 마을화폐를 지급합니다. 빈부 격차가 크게 벌어진 마을의 경제 상황을 조정하는 것입니다.

이런 조치에 불만을 드러내는 학생들이 있을 수 있습니다. 대체로 자유마을에서 마을화폐를 많이 벌어들인 학생들이 그런 모습을 보이기도 합니다. 자유마을을 시작하기 전에 이런 상황이 올 것임을 미리 이야기해주었어도 투덜거리곤 합니다. 그러나 빈부 격차 문제를 끌어안고 공정마을을 시작할 수는 없습니다.

수업수당은 절대평가 방식으로 산정합니다. 모든 학생이 상금을 2000냥 이상 받았다면 모든 학생이 매일 1200냥씩 수업수당을 받게 합니다.

② 세금

임금에 대한 세금을 부여하지 않는다.

토지 이용료(토지세) : 토지 가격의 10%

③ 생활비 : 매일 200냥

④ 토지 선택권

공정마을 첫 날, 토지 선택권을 경매로 판매한다. 토지 선택권의 순서에 따라 자기가 원하는 자리에 앉을 수 있다.

생활비

생활비를 자유마을보다 조금 낮춥니다. 학생들이 안정적으로 경제를 꾸려갈 수 있게 하는 것입니다. 물가를 낮춰주는 개념이라 생각할 수 있겠습니다.

토지 선택권

토지 선택권을 사용한 자리 배정은 다음과 같이 합니다.

① 칠판에 학생들의 수만큼 숫자를 씁니다. 26명의 학생들이 있다면 1부터 26까지 큼지막하게 씁니다.
② 1부터 경매를 시작합니다. 가장 많은 마을화폐를 지불한 학생이 '토지선택 1순위'를 얻습니다. 숫자 '1' 밑에 학생의 이름을 적습니다.
③ 이와 같은 방식으로 경매를 진행하고 1순위를 따낸 학생부터 자기가 원하는 자리에 앉습니다.

⑤ 토지 이용료

| 교탁 |

매일 토지 이용료 50냥		매일 토지 이용료 50냥
매일 토지 이용료 50냥		매일 토지 이용료 50냥
매일 토지 이용료 50냥		매일 토지 이용료 100냥
매일 토지 이용료 100냥		매일 토지 이용료 100냥
매일 토지 이용료 100냥	매일 토지 이용료 100냥	매일 토지 이용료 100냥	매일 토지 이용료 100냥	매일 토지 이용료 100냥

토지 이용료

토지 이용료는 매일 세금 담당 학생에게 지불해야 합니다.

공정마을에서는 토지 매매가 거의 일어나지 않습니다.

공정마을 기간에는 마을화폐의 가치를 높이기 위해 '자리 교환권'을 경매로 판매하여 학생들에게 자리를 이동하게 할 수 있습니다. 자리를 바꿀 때는 주변 학생들의 허락을 얻어야 합니다.

현실에서는 토지의 위치에 따라 토지 가격에 큰 차이가 있지만 마을활동을 하는 교실에서 토지 위치는 학생들에게 큰 매력이 없습니다. 정말로 매력이 있는 것은 '자기가 앉고 싶은 사람과 앉을 수 있는 기회'입니다.

4. 직업 규정

1) 평등마을의 직업

순	직업	역할 내용	담당자
1	세금 담당	세금을 걷어 장부에 기록한다.	남자 : ○○○ 여자 : ○○○
2	생활비 담당	생활비를 걷어 장부에 기록한다.	남자 : ○○○ 여자 : ○○○
3	임금 담당	수업수당과 임금을 지급한다.	남자 : ○○○ 여자 : ○○○
4	감사	매일 친구들의 마을통장을 검사한다. 감사원은 친구들의 통장과 각종 장부를 열람할 수 있다.	남자 : ○○○ 여자 : ○○○
5	상금 담당	학생들에게 상금을 지급하고 통계를 내서 게시판에 상금 현황을 게시한다.	남자 : ○○○ 여자 : ○○○
6	벌금 담당	학생들에게 벌금을 걷고 통계를 내서 게시판에 벌금 현황을 게시한다.	남자 : ○○○ 여자 : ○○○
7	제비 담당	점심 급식 순서를 뽑는 제비를 만든다.	○○○
8	신문 담당	신문, 잡지, 문집 등을 발행한다.	○○○ ○○○
9	복권 판매	복권을 판매한다. 복권에는 당첨금 외에 우선권, 면제권 등의 쿠폰을 받을 수 있게 한다.	남자 : ○○○ 여자 : ○○○
10	공부 도우미	궁금한 것이 있는 친구들의 학습을 돕는다.	남자 : ○○○ 여자 : ○○○
11	마을복지 담당	마을에 필요한 일을 하거나 선생님을 도와드린다.	○○○ ○○○
12	슈퍼마켓	선생님이 준비해주는 간식을 판매한다.	남자 : ○○○ 여자 : ○○○
13	문구점	선생님이 준비해주는 문구류를 판매한다.	남자 : ○○○ 여자 : ○○○
14	환경 정리 담당	교실 환경 정리가 필요한 곳을 깨끗이 정리한다.	○○○ ○○○

일을 하지 않아도 지급되는 임금

신문을 발행하는 학생이 1주일 동안 신문을 한 번도 발행하지 않을 수 있습니다. 그래도 임금은 그대로 지급합니다. 평등마을의 특징이라고 할 수 있습니다. 그리고 이러한 상황을 학생들이 인식할 수 있게 합니다. 일을 하지 않는 데에는 여러 가지 이유가 있을 수 있습니다. 아파서 못 했을 수도 있고, 능력이 부족해서 못 했을 수도 있지요. 학생들에게 다음과 같은 질문을 던져보는 것도 좋겠습니다.

"신문을 만드는 사람이 어떤 특별한 이유가 있어서 신문을 만들지 못했다고 생각해보자. 그런 경우에 일을 하지 않았다고 임금을 하나도 주지 않는다면 어떤 일이 벌어질까?"

맡은 일을 게을리 하는 학생에게도 약속된 임금을 지급합니다. 학생들은 불합리하다고 느끼고 불만을 갖습니다. 경제 수업에서 이 문제를 다룹니다.

도박이나 다를 것 없는 복권

문제를 발생시킬 수 있는 소비 요소를 의도적으로 배치한 것입니다. 실제로 복권을 구입하려고 몰려드는 아이들이 상당합니다. 이를 통해 수익을 얻는 학생들도 간혹 있지만 많은 경우 경제적인 손해를 입게 됩니다. 어떤 학생들은 복권에 전 재산을 털어 넣고 파산하기도 합니다.

슈퍼마켓과 문구점의 물건 대기

교사는 학급운영비로 슈퍼마켓과 문구점에 공급할 물건을 준비합니다. 학년이 함께하는 경우라면 학습 준비물비를 사용할 수도 있습니다. 슈퍼마켓과 문구점을 운영하는 학생들에게 물건을 공급하고 학생들은 교사에게서 받은 물건을 판매합니다. 평등마을에서는 교사가 준비해주는 물건만 팝니다. 자유마을, 공정마을에서는 자기가 판매할 물건을 준비해올 수 있게 해줍니다.

2) 자유마을의 직업

순	직업	경매 시작선	역할 내용	담당자	임금
1	세금 담당	100냥	세금을 걷어 장부에 기록한다.	남자:○○○ 여자:○○○	1500냥
2	생활비 담당	100냥	생활비를 걷어 장부에 기록한다.	남자:○○○ 여자:○○○	1500냥
3	임금 담당	100냥	수업수당과 임금을 지급한다.	남자:○○○ 여자:○○○	1500냥
4	감사	100냥	매일 친구들의 마을통장을 검사한다. 매일 3명씩 검사한다. 감사원은 친구들의 통장과 각종 장부를 열람할 수 있다.	남자:○○○ 여자:○○○	1700냥
5	상금 담당	100냥	학생들에게 상금을 지급한다.	남자:○○○ 여자:○○○	1500냥
6	벌금 담당	100냥	학생들에게 벌금을 걷는다.	남자:○○○ 여자:○○○	1500냥
7	제비 담당	80냥	점심 급식 순서를 뽑는 제비를 만든다.	남자:○○○ 여자:○○○	1300냥
8	신문 담당	80냥	신문, 잡지, 문집 등을 발행한다. 발행한 신문에 상, 중, 하 등급을 매겨 임금을 지급한다.	○○○	상:2000냥 중:1500냥 하:1000냥
9	복권 판매	100냥	복권을 판매한다. 복권에는 당첨금 외에 우선권, 면제권 등의 쿠폰을 받을 수 있게 한다.	○○○ ○○○	1500냥
10	공부 도우미	80냥	궁금한 것이 있는 친구들의 학습을 돕는다.	남자:○○○ 여자:○○○	한 명에 50냥(사업자)
11	마을 복지 담당	80냥	마을에 필요한 일을 하거나 선생님을 도와드린다.	○○○ ○○○	1200냥
12	환경 정리 담당	0냥	교실 환경 정리가 필요한 곳을 깨끗이 정리한다.	○○○ ○○○	1000냥
13	슈퍼 마켓	400냥	선생님으로부터 구입한 간식이나 집에서 가져온 간식을 판매한다.	남자:○○○ 여자:○○○	사업자
14	문구점	300냥	선생님으로부터 구입한 문구류나 자기 집에서 가져온 문구류를 판매한다.	남자:○○○ 여자:○○○	사업자
15	창업		경매 없이 창업비 500냥과 창업 신고서를 작성한다. 고용을 원할 경우 신고서에 수익 분배 계획을 적는다.	○○○ ○○○	
16	대지주		학생들의 토지를 사들인다.	선생님	

자기 사업은 스스로

평등마을에서는 슈퍼마켓이나 문구점 담당자가 선생님이 주는 물건을 선생님이 지정해주는 가격에 판매를 하는 '공무원' 역할을 수행하면 됩니다. 자유마을에서는 다릅니다. 자유마을에서는 사업자들이 물건을 집에서 준비해오거나 선생님에게 마을화폐를 주고 물건을 구입해서 판매합니다.

자유마을에서는 교사가 많은 물건을 준비하지 않아도 열의 있는 학생들이 자발적으로 다양한 물건을 준비해옵니다. 건강을 해치거나 문제의 소지가 있는 것이 아니면 어떤 것을 가져와도 제지하지 않습니다. 슈퍼마켓이나 문구점 외에도 학생들은 창업비와 신청서를 내면 창업을 할 수 있습니다. (예:만화대여점, 풍선아트가게, 네일아트전문점, 카페, 반찬가게, 보드게임가게)

창업을 하기 전에 교사와 의논하는 과정을 거칩니다.

경쟁을 유도합니다

평등마을에서는 슈퍼마켓이나 문구점이 하나뿐이었으나 자유마을에서는 여러 개의 슈퍼마켓이나 문구점을 운영할 수 있습니다. 다른 사업도 마찬가지입니다. 자연스레 사업장끼리 경쟁이 벌어집니다.

- 공부 도우미는 도와준 학생 수만큼 임금을 받습니다. 공부 도우미의 임금은 임금 담당 학생이 그날그날 지급합니다.

- 복권판매: 자유마을에서는 좀 더 중독성 있는 복권 시스템을 준비합니다. 최고 당첨금을 높여주되 복권 당첨금의 총액은 그대로 유지하거나 낮춥니다. 복권으로 파산하는 학생이 생기면 더 좋습니다.

- 교사는 대지주 역할을 합니다. 학생들을 부추겨서 토지를 자신에게 팔도록 합니다. 토지를 판 학생에게는 상당히 많은 금액의 마을화폐를 줍니다. 이를 공공연히 학생들에게 이야기하여 위화감을 조성합니다. (자유마을을 시작하기 전 토지 불로소득이 발생하여 문제가 될 거라는 이야기를 미리 해주는 것도 좋습니다. 토지 불로소득으로 벼락부자가 된 친구들을 미워해서는 안 된다는 이야기도 해주시면 좋습니다.)

- 직업활동을 여러 개 하는 학생들이 피로감을 호소하기도 합니다.

3) 공정마을의 직업

*1인 2개 이상 직업 가능

순	직업	직업취득 경매 시작선	역할 내용	담당자	임금
1	세금 담당	100냥	세금을 걷어 장부에 기록한다.	남자:○○○ 여자:○○○	1500냥
2	생활비 담당	100냥	생활비를 걷어 장부에 기록한다.	남자:○○○ 여자:○○○	
3	임금 담당	100냥	수업수당과 임금을 지급한다. 수업수당은 매일, 임금은 월요일	남자:○○○ 여자:○○○	1500냥
4	감사	100냥	매일 친구들의 마을통장을 검사한다. 매일 3명씩 검사한다. 감사원은 통장과 각종 장부를 열람할 수 있다.	남자:○○○ 여자:○○○	2000냥
5	상금 담당	100냥	학생들에게 상금을 지급하고 통계를 내서 상금 현황을 게시한다.	남자:○○○ 여자:○○○	1500냥
6	벌금 담당	100냥	학생들에게 벌금을 걷고 통계를 내서 상금 현황을 게시한다.	남자:○○○ 여자:○○○	1500냥
7	제비 담당	80냥	점심 급식 순서를 뽑는 제비를 만든다.	남자:○○○ 여자:○○○	1300냥
8	신문 담당	80냥	신문이나 잡지 또는 문집 한 권을 발행한다.	○○○	상:2000냥 중:1500냥 하:1000냥
9	공부 도우미	80냥	궁금한 것이 있는 친구들의 학습을 돕는다.	○○○ ○○○	한 명에 50냥(사업자)
10	마을 복지 담당	80냥	마을에 필요한 일을 하거나 선생님을 돕는다.	○○○ ○○○	1200냥
11	환경 정리 담당	0냥	교실 환경 정리가 필요한 곳을 깨끗이 정리한다.	상황에 따라 배정	500냥
12	슈퍼 마켓	100냥	선생님이 준비해주는 간식이나 집에서 준비해온 간식을 판매한다.	희망자 모두	사업자
13	문구점	100냥	선생님이 준비해주는 문구류나 자기 집에서 준비해온 문구류를 판매한다.	희망자 모두	사업자
14	창업		창업비 500냥과 창업 신고서를 작성한다. 고용을 원할 경우 신고서에 수익 분배 계획을 적는다.		
15	은행		500냥 한도 내에서 대출을 해준다.	선생님	

공정마을의 직업 운영

공정마을의 직업 운영은 자유마을과 거의 비슷합니다. 대지주와 복권판매 담당이 없는 대신 은행이 들어왔다는 점과 한 사람이 두 개의 직업을 갖는다는 점, '자기가 좋아하고 잘하는 일'을 직업으로 삼는다는 점이 다릅니다. 공정마을의 직업활동은 자유마을에 비해 안정적으로 운영됩니다. 공정마을 기간이 끝나면 일상의 수업으로 돌아와야 하니 차분하고 안정된 마을 활동이 되도록 지도합니다.

공정마을의 마을활동 원칙

공정마을의 직업활동 원칙은 다음과 같습니다.

① 과도한 경쟁을 차단한다.
② 자기가 좋아하고 잘하는 일을 한다.
③ 노력한 만큼 수익을 얻는다.
④ 직업활동을 통해 이익을 얻기도 하지만 자신의 노동으로 마을 전체의 발전과 행복에 기여한다는 점을 기억한다.

공정마을의 직업활동 원칙을 시간 날 때마다 이야기해줍니다. 자유마을에서는 학생들이 돈을 벌기 위한 목적으로 창업을 합니다. 그래서 벌이는 사업도 대개 떠들썩하고 돈을 잘 벌 수 있는 직업에만 학생들이 몰리는 경향이 있습니다. 하지만 공정마을은 다릅니다. 공정마을은 사업성이 없어도 괜찮습니다. 자기가 좋아하고 잘하는 일을 기획해서 직업활동을 하고 교사로부터 임금을 얻으면 됩니다. 큰돈은 벌 수 없어도 경제활동에 큰 지장은 없습니다. 자신과 마을 전체 학생들의 삶을 풍요롭게 할 수 있는 직업활동을 하는 것입니다.

4.
마을활동 사진전

공정마을 패드민턴 대회.

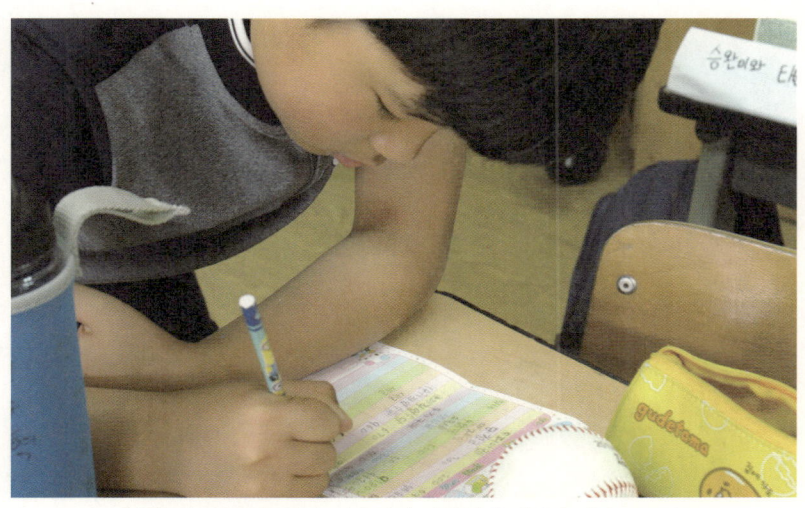

통장 기록은 꼼꼼하게. 실수하면 감사원에 걸려서 벌금 100냥.

배고픈 사람은 사계절 브라운 가게로 오세요.

깡채네 슈퍼. 없는 게 없어요.

여학생 세금 내기. 세금은 빠짐 없이. 안 내면 세금 담당자가 쫓아옵니다.

A : 오늘 장사 어때? B : 경기가 별로야.

3부 마을법률을 알면 다 안다

남학생 세금 담당. 어디보자 세금이….

아차 계산 실수. 감사원에 적발당하다.

상금 받으러 왔어.

블록도 팝니다.

뽑기 사업장. 사장이 만든 다양한 뽑기 아이템들. 돈 놓고 돈 먹기는 아닙니다.

특별 제작한 물품 진열대.

이걸 만들어서 한 번 팔아볼까나. 진열대 제작 중.

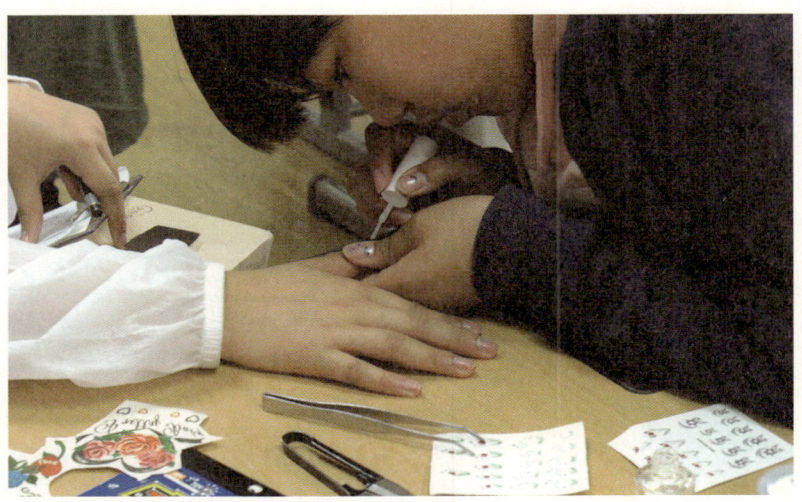
네일아트가게. 손가락 열 개에 500냥. 발톱 하나는 서비스!

상품 진열대 주문 제작 중.
찬찬 발명가: 조금만 기다려. 금방이야!

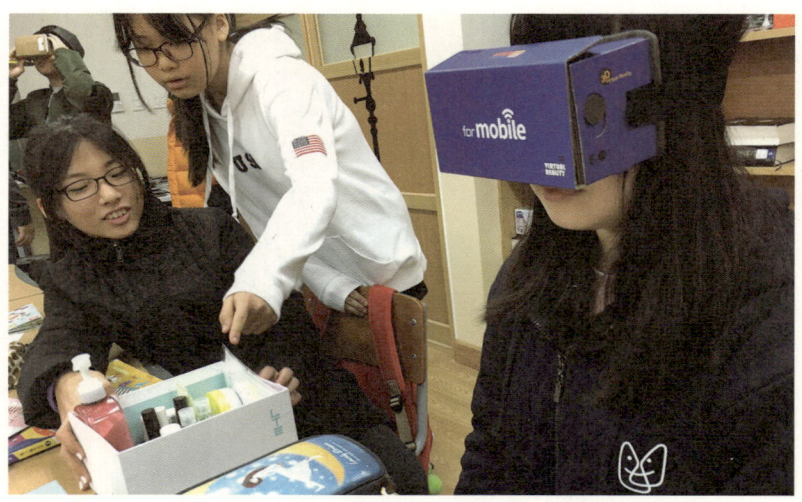

신기한 게 많은 잡화점. VR 체험료는 2분에 100냥. 매니큐어는 손톱 하나 당 70냥.

공부 도우미. "잘 봐. 네가 왜 틀렸냐면!"
(문제 푸는 법을 알려주고 선생님께 임금을 받는다.)

시선 사로잡는 간판들. 다양한 마케팅 기획은 필수.

3부 마을법률을 알면 다 안다

감사원에서 통장 검사 중. 장부와 틀리면 벌금.

쉬는 시간이 더 즐거운 마을활동.

공정마을 베이커리.

우리 마을 카페와 바리스타.

공정마을 바른 언어 캠페인.

자유마을-사업 잘됨.

자유마을-사업 안 됨.

4부

마을활동 자료실

1.
마을활동에서 다루는 경제 상식 Q&A

Q. 자본주의는 무엇인가요?

자본주의는 이윤을 얻기 위해 자유와 경쟁이 보장된 상태로 생산활동을 할 수 있는 경제 체제입니다. 생산활동을 해서 얻은 이윤은 개인이 가질 수 있습니다. 이것을 사유재산 제도라고 합니다. **사유재산 제도와 시장 경제를 기본**으로 하는 것이 자본주의 경제 체제입니다. 자본주의 경제 체제에서 이윤을 얻기 위해 사람들은 자유롭게 경쟁을 하거나 노동을 해서 그 대가로 임금을 받습니다.

Q. 애덤 스미스는 누구인가요?

에덤 스미스(Adam Smith, 1723.6.5.~1790.7.17.)는 거시 경제학의 아버지라고 불릴 정도로 근대 경제학의 토대를 마련한 사람입니다. 그는 자본주의 경제의 바탕이 되는 자유를 매우 중요하게 여겼습니다. 자기 이익을 추구하는 열정과 열심이 사회 전체에 오히려 이익을 주는 방향으로 흘러간다고 생각했습니다. 그는 독점 기업가에 반대하고 소비자의 이익을 옹호했으며 소비자의 욕구, 생산, 시장 경쟁, 그리고 노동 분업이 국가의 부를 창출하는 동력이라고 보았습니다. 스미스는 시장 경제야말로 사는 사람과 파는 사람 모두에게 만족스런 결과를 낳으며, 사회의 자원을 적절하게 배분할 수 있다고 본 것입니다.

그는 다음과 같이 말했습니다.

"우리가 저녁 식사를 기대할 수 있는 건 푸줏간 주인, 술도가 주인, 빵집 주인의 자비심 덕분이 아니라, 그들이 자기 이익을 챙기려는 생각 덕분이다. 우리는 그들의 박애심이 아니라 자기애에 호소하며, 우리의 필요가 아니라 그들의 이익만을 그들에게 이야기할 뿐이다."

Q. 사회주의는 무엇인가요?

사회주의에 대해서 딱 부러지는 정의를 하기는 어렵습니다. 종류도 많고 생각들도 달라서 사회주의란 이러저러한 것이다, 하고 정의하면 정말 그런가? 하는 반론을 마주하게 됩니다. 사회주의에 대해서는 자본주의와 대비하여 두루뭉술하게 설명하는 것이 바람직하다는 생각입니다.

사회주의는 '사회'를 중요하게 생각하고 자본주의는 '자본'을 중요하게 생각합니다.

사회주의는 자유보다는 평등을 더 가치 있다고 생각하고, 자본주의는 평등보다는 자유가 더 가치 있다고 여깁니다. 많은 사람이 사회주의는 사유재산을 금지한다고 생각하는데 실은 그렇지 않습니다. 사회주의는 생산수단을 개인이 소유하는 것이 사회 전체에 바람직하지 않다는 생각입니다. 자동차나 옷 같은 것은 개인이 가질 수 있으나 토지나 공장 같은 것은 국가나 지역공동체가 공동으로 소유해야 한다는 주장입니다. 이마저도 사회주의를 내세우는 나라마다 상황이 다르니 어느 것이 사회주의다, 하고 단정하기는 어렵습니다.

다만 이 점만은 분명한 것 같습니다. 사회주의는 어느 한 사람이 다른 사람의 노동력을 착취하여 납득할 수 없는 부를 이루는 상황을 지양하는 생각에 바탕을 두고 있다는 것입니다.

사회주의는 빈부 격차를 없애는 일에 힘쓰기 때문에 지나친 경쟁은 하지 않고, 물가가 안정되어 경기가 불안하지 않다는 장점이 있습니다. 자본주의는 '돈'을 중요하게 여기기 때문에 물질만능주의가 생기고 이로 인한 병폐도 있습니다.

결국 우리는 이 체제보다 저 체제가 낫다고 따지기보다 바람직한 경제 체제를 만들어가기 위해 노력해야 합니다. 경쟁의 자유가 있지만 공정한 분배와 기회의 평등이 주어지는 사회를 만드는 것이 자본주의 사회에서 살아가는 우리가 배워야 할 점이 아닐까 생각해봅니다.

Q. 사회적 경제란 무엇인가요?

자본주의 시장 경제가 발전하면서 다양한 문제가 발생하게 됩니다. 빈부의 격차가 생기고, 돈이 곧 권력이 되어 불평등 문제도 발생합니다. 돈을 가장 중요하게 여기다 보니 돈을 벌기 위해 사람을 고통스럽게 하기도 하고 환경을 파괴하기도 합니다. 이에 대한 문제의식에서 출발한 것이 '사회적 경제'입니다.

사회적 경제는 사람의 사람됨을 가장 중요하게 생각합니다. 이윤보다는 인권을, 개인의 부를 축적할 권리보다는 사회와 세상의 건강을 더 중요한 가치로 여깁니다.

사회적 경제는 1800년대 초 유럽과 미국에서 협동조합, 사회적 기업, 상호부조조합, 커뮤니티 비즈니스 등의 형태로 등장했습니다. 우리나라에서는 1920년대 농민협동조합과 도시 빈곤층의 두레조합 형태로 등장했습니다. 1960년대 시작된 신협운동, 1980년대 생협운동, 1997년 외환위기 이후 구조화된 실업문제, 고용불안, 심화되는 빈부 격차, 쇠락하는 지역 문제 등을 해결하기 위해 시작된 자활기업, 사회적 기업, 마을기업, 협동조합 등도 사회적 경제의 예로 생각할 수 있습니다.

Q. 사회적 기업이란 무엇인가요?

사회적 기업이란 사회적 경제를 구현하고자 하는 기업을 말합니다. 기업이라고 설명하였으나 이윤 추구를 중심에 두는 일반 기업과는 다릅니다. 사람의 사람됨이라는 가치를 추구합니다. 기업이기는 해도 비영리조직과 비슷한 방식으로 경영합니다. 사회 전체를 보다 낫게 만들고 싶다는 마음에서 기업활동을 합니다.

우리나라 정부는 2007년부터 「사회적 기업 육성법」을 시행하여 사회적 기업을 지원하고 있습니다.

2.
헨리 조지와 지공주의

헨리 조지

헨리 조지(Henry George, 1839.9.2~1897.10.29.)는 1839년 필라델피아에서 태어났습니다. 초등교육을 수학한 후 인쇄공으로 일하다가 독학으로 경제학자가 되었습니다. 헨리 조지는 단일토지세*를 주창한 저서 《진보와 빈곤Progress and Povert》으로 세계적인 경제학자가 되었습니다. 오늘날에는 널리 알려져 있지 않으나 당시에는 마르크스와 견줄 만한 경제학자였고, 열정적인 운동가였습니다. 말년에는 뉴욕시장 선거에 출마하기도 했습니다.

헨리 조지는 다음과 같이 말하였습니다.

> "수천 명의 소녀가 하루에 13시간, 14시간, 16시간까지 허리를 구부리고 바느질과 재봉 일에 매달려 있습니다. 남편을 여읜 과부가 자녀를 기르기 위해 온갖 고초를 겪고 있습니

---

* 생산활동에는 세금을 매기지 않고 토지에 대한 세금만 철저히 걷는 제도입니다.

다. 자녀들은 빈민가에서 못 입고 못 먹고 교육도 제대로 못 받고 이 도시에서 뛰어놀 곳 없이 자라고 있습니다. 교도소나 창녀촌에 예약된 것과 다름없는 이런 환경에서, 자녀들이 순수하게 자란다면 기적입니다. 자녀들이 고통받고 죽어가는 이유는 이 세상에 태어나는 대다수의 학생을 배제하는 제도를 통해 자녀들이 도둑맞는 것을, 태어나면서부터 얻은 권리를 도둑맞는 것을 우리가 용인하기 때문입니다.

이 세상에는 물자가 충분하며 이들에게 돌아갈 물자도 있습니다. 창조주께서 주신 토지에 대해 이들이 동등한 권리를 가진다면 어린 소녀가 여자로서 벅찬 일에 내몰려 근근이 살아가는 일이 없을 것이고, 과부가 어린 자녀에게 먹일 빵을 구하려고 이처럼 쓰라리게 발버둥치지 않을 것이고, 미국에서 최대라고 하는 이 도시의 빈곤과 타락이 사라질 것입니다."

헨리 조지가 경험한 19세기 후반 미국의 경제 상황과 오늘날 우리의 경제 상황은 비슷한 점이 적지 않은 것 같습니다. 오늘날의 우리 학생들은 재봉 일 대신에 입시에 매달려있고, 이 시대의 약자들은 비정규직으로 내몰리고 있으니까요.

이러한 헨리 조지의 경제사상을 지공주의라고 합니다.

지공주의

지공주의는 토지(토지의 가치)는 공유하고, 토지 위에 사람이 쏟은 노력에 대한 대가는 사유하자는 주장입니다. 토지의 개인 소유는 인정하되, 토지로부터 발생하는 불로소득은 국가가 환수하여 공공의 이익을 위해 사용하고, 사람의 노력과 경쟁으로 인해 발생하는 소득은 온전히 개개인에게 돌아가게 하자고 말합니다.

지공주의는 토지를 비롯한 모든 자연물은 사람이 사유할 수 있는 것이 아니라는 자연법적인 생각에 바탕을 두고 있습니다. 공기가 어느 누구의 것이 아니듯, 강물이 어느 누구의 소유가 아니듯 토지와 천연자원도 어느 누군가의 소유가 될 수 없다는 생각입니다. 지공주의를 간략히 요약하면 다음과 같습니다.

"토지는 사람을 비롯한 모든 피조물에게 선물로 주어진 것이다.

사람은 땅을 조성하는 데 어떤 노력도 기울인 바가 없다.

그러므로 토지를 사유하여 그것으로 인해 발생하는 불로소득을 취하는 것은 옳지 않다.

토지를 지나치게 많이 사유하는 것은, 다른 사람에게 주어진 선물을 약탈하는 행위로 볼 수 있다.

토지로 인한 불로소득을 누리는 사람이 많으면 많을수록, 그 사회에는 빈곤의 문제와 빈부 격차의 문제가 더 극심해진다.

이를 해결하기 위해서는 토지로 인해 불로소득을 누리는 사태를 저지해야 한다.

바람직한 경쟁을 해야 한다. 균등한 기회를 보장하는 것이다."

사람이 노력한 것, 사람이 기여한 것으로 인해 생기는 소득만을 경쟁의 대상으로 삼고, 토지의 사유로 인해 발생하는 불로소득을 차단하는 지공주의는 균등한 경쟁을 격려하는 매우 시장 친화적인 경제 제도라 할 수 있습니다.

만화로 보는 지공주의

4부 마을활동 자료실

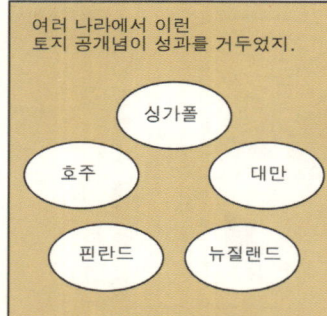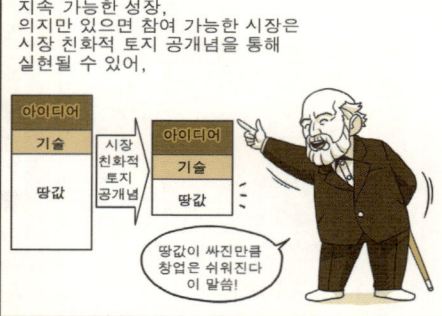

3.
3, 4학년 마을활동

 3, 4학년도 마을활동을 할 수 있습니다. 물론 5, 6학년 학생들과 하는 마을활동과는 조금 다릅니다. 3, 4학년 마을활동과 5, 6학년 마을활동은 다음과 같은 점에서 다릅니다.

	3·4학년	5·6학년
마을 운영	평등마을 자유마을	평등마을 자유마을 공정마을
중점 지도 내용	진로, 자치, 기본적인 경제교육(용돈 기입장 활용, 물건 거래, 자기 마을화폐 관리 등) *토지 불로소득 개념은 다루지 않습니다.	직업활동과 경제활동, 그리고 경제에 대한 깊이 있는 수업활동(경제 관련 개념적 지식, 평등과 자유의 가치, 경제 시스템별 비교 체험, 불로소득에 대한 생각 정립 등)
운영 기간	준비 기간 1주일 평등마을 1주일 자유마을 1주일 총 3주	준비 기간 1주일 평등마을 1주일 자유마을 1주일 공정마을 1주일 총 4주

 기본적인 마을 운영 방식은 똑같습니다. 복잡하고 어려운 것은 빼고 마을활동의 즐거움과 스스로 경제활동을 운영해보는 보람을 누리도록

도와주면 됩니다.

  3, 4학년 마을활동의 반응은 정말 폭발적입니다. 처음에는 어렵다며 투덜거리다가도 적응하고 나면 무척 재미있어 합니다. 평등마을에서는 마을활동 운영 방식을 가르친다는 생각으로 지도하고, 자유마을에서는 다양한 직업활동을 즐길 수 있도록 도와주시면 됩니다. 경제적인 모순과 문제점들을 경험하게 하는 것이 자유마을의 목적 중 하나입니다만, 3, 4학년 학생들과 함께할 때에는 공정마을처럼 운영하시는 것이 좋습니다. 문제가 발생할 기미가 보이면 이를 내버려두지 말고(5, 6학년 마을활동 때는 문제가 생기도록 조장합니다.) 교사가 개입하여 바로잡아 줍니다.

학생 수업 소감문
너무 짧았던 마을활동

 평등마을은 임금만 받을 수 있어서 돈을 벌기가 쉽지 않았다. 나는 임금 담당이었는데, 수업수당과 임금 체크만 해주어서 할 맛도 별로 안 났다. 다른 애들도 비슷했다. 재미는 있었지만 아쉬운 게 많았다. 슈퍼마켓에서 물건을 팔아도 내 돈이 안 되니까 좀 이상하기도 했다. 그런데 자유마을은 달랐다.

 자유마을은 정말 신났다. 원하는 것을 거의 다 할 수 있었고 돈도 벌 수 있는 만큼 벌었다. 처음에는 2500냥 정도였던 재산이 며칠 안 가서 7000냥이 되었다. 내가 번 돈이지만 스스로 정말 놀

3학년 마을활동. 화가의 그림 설명회

랐다.

  평등마을은 평온하고 직업도 별로 없었는데 자유마을은 흥미진진하고 기대가 되고 직업도 엄청 다양해졌다. 내가 원하던 활동을 넘어선 정말 재미있는 공부였다.

  오늘은 자유마을 4일째다. 거의 끝나간다. 더 하고 싶은데 벌써 끝이라니. 평등마을을 통해 마을활동에 적응한 게 며칠 되지도 않았는데 너무 아쉽다.

  평등마을이 끝날 때는 너무 아쉬워서 조금 울기까지 했다. 마을활동을 더 하고 싶다.

초3 손○○

선생님 마을활동 소감문
소풍만큼 흥미진진했던 마을활동

저는 2학년 아이들과 마을활동을 해보았어요. 아이들이 너무 어려서 무리일 것 같았지만, 평등마을과 자유마을까지만 운영해 보았어요. 평등마을 일주일을 하고 3일 쉬고, 자유마을 일주일로 진행을 했습니다. 가장 놀란 것은 아이들이 직업활동을 하면서 보인 굉장한 책임감이었어요. 그리고 저희 반에 평소 우울해하고, 친구 사이에서 의심이 많은 아이가 있었는데, 직업활동을 하면서 친구들이 자기한테 상금을 확인하려고 자꾸 오니까 점점 아이 표정이 밝아지더라고요. 그 모습이 참 뿌듯했어요. 그리고 아이들의 소비 습관을 부모님들이 관찰할 수 있어 좋았어요. 마을통장을 집으로 가져가서 부모님이 확인하도록 했는데, 파산할 때까지 소비하는 아이들과 돈을 잘 쓰지 않고 모아두는 아이들의 모습을 보며 부모님들이 경제활동에 대해 아이들과 이야기를 나눌 수 있는 계기가 되더라고요. 평등마을에서는 토지가 자기 자리 잖아요? 학교에 오면 당연히 앉는 자리가 국가에서 주는 것이 되니 아이들이 그것에 대해 고마워했어요. 또 상금을 타고 절약을 해야 부자가 될 수 있다는 것을 스스로 찾아냈고요. 슬기로운 생활과 접목해서 수업에 지장은 없었어요. 학기 말에 학생들이 한 학기를 돌아보며 가장 기억에 남는 다섯 가지를 꼽았는데, 마을활동이 2위로 나왔어요. 1위인 소풍만큼 아이들의 기억에 남았다는 것은 그만큼 아이들한테 즐거운 활동이라는 것을 알 수 있었어요.

박지숙 선생님

4.
하루 마을활동

하루짜리 마을활동도 가능합니다. 빈부 격차와 소비 생활에 초점을 맞춘 활동입니다.

살아가다 보면 큰돈을 버는 일이 생길 수 있습니다. 임금 노동자는 임금이나 보너스를 받기도 하고, 저축 이자를 받거나 적금 만기로 목돈을 마련하기도 합니다. 사업가는 사업으로 돈을 벌어들입니다. 사업이 잘되면 큰돈을 벌 수 있습니다. 번개 맞을 확률로 로또에 당첨되기도 합니다. 토지 불로소득으로 큰돈을 거머쥐는 사람들도 있습니다.

경제적 위기를 맞을 수도 있습니다. 교통사고, 질병, 화재, 홍수, 가뭄 따위의 사람이 어찌할 수 없는 일들로 경제적 위기에 몰릴 수 있습니다. 사업을 하는 사람들은 사업에 실패하여 갑자기 가난해지기도 합니다. 이를 통해 '빈부 격차'가 생깁니다.

'하루 마을활동'은 빈부 격차가 생기는 상황을 활동의 배경으로 설정합니다. 이 수업에서 교사가 준비할 것은 다음의 3가지입니다.

① 경제카드를 섞어 담은 바구니 2개.
② 아이들이 충분히 먹을 간식과 음료(가격표).
③ 하루 마을 활동 안내지.

준비 단계

1) 모둠을 구성합니다. (한 모둠 당 네 명에서 여섯 명)
2) 경제카드를 카드별로 10장씩 준비합니다.

돈을 버는 수입 카드

하루 마을활동 수입 카드 토지 매매 1500냥	하루 마을활동 수입 카드 저축 이자 200냥	하루 마을활동 수입 카드 적금 1000냥
하루 마을활동 수입 카드 월급 보너스 1000냥	하루 마을활동 수입 카드 월급 1000냥	하루 마을활동 수입 카드 사업 성공 2000냥

돈을 쓰거나 잃는 지출 카드

하루 마을활동 지출 카드 사업 실패 1500냥	하루 마을활동 지출 카드 실직 500냥	하루 마을활동 지출 카드 교통사고 500냥
하루 마을활동 지출 카드 교육비 300냥	하루 마을활동 지출 카드 화재 500냥	하루 마을활동 지출 카드 홍수 500냥
하루 마을활동 지출 카드 질병 1000냥	하루 마을활동 지출 카드 과소비 1000냥	

3) 두 카드를 섞어 바구니에 담아둡니다.
4) 아이들이 먹을 간식은 종류가 다른 과자류를 3가지 정도 준비하고, 곁들일 수 있는 음료를 준비합니다. 작은 과자 한 개에 100냥을 매깁니다.
5) 하루 마을활동의 목적, 규칙, 마을통장 양식, 질문지를 담은 〈하루 마을활동 안내지〉를 출력하여 나눠줍니다.
6) 학생들에게 활동비 3000냥을 주고 자기 마을통장에 기록하게 합니다.

* 교사는 하루 마을활동을 시작하기 전에 학생들에게 주의할 점을 이야기합니다. 중요한 목표는 서로를 의지하고, 협력하는 것임을, 발생하게 될 빈부 격차를 관찰하고 경험하면서 경제에 대한 생각을 더 깊이 해보는 것임을 강조합니다.
* 본격적인 활동을 시작하기 전에 모둠 공동체 놀이를 하면 좋습니다(풍선 놀이 등등).

실행 단계
1) 1차 경제카드 뽑기
  학생들을 교실에 모둠별로 앉히고, 한 명씩 나와 경제카드를 세 장씩 뽑습니다.
  뽑은 경제카드의 내용이 자신이 맞게 된 경제 상황입니다. 어떤 학생은 병에 걸려 치료비로 1000냥을 지출하게 될 수 있습니다. 그러면 그 학생은 자기 마을통장에 기록된 기본 금액(3000냥)

에서 1000냥을 뺍니다. 어떤 학생은 토지 불로소득으로 5000냥을 벌 수도 있습니다. 그러면 기본금액(3000냥)에 5000냥을 더합니다.

2) 1차 간식 구매

학생들은 간식 바구니 앞에 가서 적힌 가격만큼 과자나 음료를 구매합니다. (도우미 학생을 뽑아 관리를 부탁할 수 있습니다.)
사 온 간식은 모둠별로 함께 나눠 먹습니다. (적은 양이라 조금씩 나눠 먹는 분위기입니다.)

3) 2차, 3차 경제카드 뽑기와 간식 구매 반복

어떤 학생들은 지출 카드만 뽑아 잔액이 남지 않을 수도 있습니다.

정리 단계

1) 마을통장 잔액 확인 및 공개

학생들의 마을통장 잔액을 확인하고 한글 파일 표에 정리하여 공개합니다.

마을통장 잔액

번호	이름	마을통장 잔액
1	문경민	-2000냥
2	김혜영	4500냥
3	김희선	2500냥
4	김자윤	-1200냥

2) 교사의 발문에 따라 대화 나누기

다음의 발문으로 학생들과 이야기를 나눕니다.

> 카드를 뽑았을 때, 어떤 일이 일어났나요?
> 학생들이 겪은 일을 말하도록 유도하는 발문입니다. 경험과 느낌을 솔직히 이야기하도록 유도합니다.
>
> 경제적 어려움에 처한 친구들을 보면서 어떤 생각을 했나요?
> 경제적 어려움에 처한 학생들에게 발생한 상황은 대개 불가항력적 재난, 질병 등입니다. 모두에게 일어날 수 있는 일로 경제적 위기에 처하는 상황입니다.
>
> 갑자기 큰돈을 버는 친구들을 보면서 어떤 생각을 했나요?
> 사업 성공 같은 경제카드도 있으나 상속, 로또, 토지 불로소득 등의 경제카드도 있습니다. 이에 대한 생각을 나눕니다.
>
> 경제는 어떠해야한다고 생각하나요?
> 경제에 대한 저마다의 생각을 나누는 발문입니다.

3) 글쓰기

활동과 대화를 거치며 정리된 생각을 글로 정리합니다.

하루 마을활동 안내지

이름 _____

★ 하루마을활동 순서
1. 공동체 놀이
2. 하루 마을활동 설명서 읽기
3. 경제카드 뽑기와 간식 사기
4. 하루 마을활동 이야기 나누기
5. 수업 소감 글쓰기

★ 하루 마을활동 운영 규정
1. 우리는 경제에 대해 공부하기 위해 하루 마을활동을 한다.
2. 기본 활동비 3000냥을 받는다.
3. 경제카드를 뽑아 나온 지시대로 마을통장의 자기 재산을 조정한다.
4. 경제카드를 뽑은 뒤 간식을 구입하여 모둠원들과 나눠 먹는다.
5. 마을화폐를 친구와 주고받을 수 없다.

★ 물건을 사는 방법
1. 사고 싶은 물건을 고르고, 물건 가격에 따라 마을통장에 가격을 기록한다.
2. 물건을 가져가 모둠원들과 나눠먹는다.

하루 마을활동 통장

이름 _____

경제카드	수입	지출	잔액
	3000		3000
경제카드1			
경제카드2			
경제카드3			
경제카드4			
경제카드5			

자료실
마을활동에 필요한 양식들

교실 속 마을활동 블로그(blog.naver.com/ma_uri)에 오시면 마을활동 관련 자료와 문서 양식 등을 다운받을 수 있습니다.

- 마을 법률
- 장부 양식
- 학부모 편지 예시문
- 창업 신고서(자유마을에서 사용)
- 창업 계획서(공정마을에서 사용)

하루 마을활동에 필요한 자료들
- 마을화폐 교환권
- 경제카드
- 하루 마을활동 안내지
- 하루 마을활동 통장